¡Despierta!

I0077957

Un Manual para el Buscador de la Verdad

Acharya Shree Yogeesh

Publicación Siddha Sangh

PUBLICACIONES DE SIDDHA SANGH
9985 E. Hwy 56
Windom, Texas, 75492
info@siddhayatan.org

ISBN 0-9843854-7-9
ISBN 978-0-9843854-7-8

LCCN 2016935766
Impreso en los Estados Unidos de América.

Advertencia

Tome nota por favor de que no todos los ejercicios, planes alimenticios u otras sugerencias mencionados en este libro son adecuados para cualquier persona. Este libro no pretende sustituir la necesidad de consultar a un médico o a otros profesionales. Antes de introducir cambios en la dieta, rutinas de ejercicios o cualquier otro plan discutidos en este libro, busque ayuda médica profesional adecuada para asegurar que sea algo adecuado a su propio caso. El autor y el editor se deslindan de toda responsabilidad de cualquier problema surgido por el uso o mal uso de la información contenida en este libro.

"*Acharya Shree Yogeesh es un maestro muy dinámico y entusiasta que hace fácil y emocionante el aprendizaje en todos los niveles para cada individuo. Mi experiencia con el Maestro Iluminado me ayudó a superar grandes obstáculos que me estaban obstaculizando el progreso hacia mis metas espirituales, y ahora soy un buscador de la verdad mucho más sólido y avanzado gracias a ser su discípulo. La experiencia entera ha dado lugar a cambios positivos en varias áreas de mi vida, y me siento mucho más cerca de alcanzar mi verdadero destino*".
- Neelam, Londres, Reino Unido

"*Acharya Shree Yogeesh es la encarnación del amor, la sabiduría, la compasión y el humor. Su experiencia es justo la de su vida, su compasión proviene de su corazón. Tiene el poder de romper murallas y construir puentes a través del diálogo y la comprensión. Su estilo de vida modesto, gran compasión y sabiduría, son un gran ejemplo de espiritualidad y no apego. Las enseñanzas de Acharya Shree se pueden aplicar a cualquier persona sin importar sus creencias y sin discriminación. Mi esposo y yo esperamos reunirnos otra vez con él para revivir, nutrir, obtener aprendizajes espirituales, así como para desarrollar y mejorar nuestro carácter y nuestros corazones con la guía de un maestro iluminado y verdadero.*"
- Noreen W. Omaha, Nebraska, Estados Unidos

ÍNDICE

INTRODUCCIÓN

Tu vida puede cambiar en un momento, incluso con una sola palabra. Una palabra tiene el poder para hacerte despertar.

Todos enfrentamos los desafíos de la vida en ambos de nuestros dos mundos: nuestro mundo externo que incluye a nuestra familia, trabajo, educación, responsabilidades, y formas de sobrevivir financieramente, y nuestro mundo interno, en el cual nos interrogamos en silencio y secretamente sobre nuestra propia existencia. ¿De dónde venimos? ¿Cuál es el significado de la vida? Y, sin duda lo más importante, la pregunta "¿quién soy?".

A pesar de nuestro deseo innato de ser felices, a menudo estamos estresados, negativos, perdidos, confundidos, abrumados, nos sentimos fácilmente frustrados, irritados o incluso molestos. Esos sentimientos nos impiden saber quiénes somos realmente. Cuando miramos a un bebé, vemos que están relajado, puro e inocente: no tocado por el mundo y sus ideologías. Los bebés son felices. Esa es realmente nuestra naturaleza, el ser felices.

Debido a la crianza por nuestros padres, otros familiares y más tarde maestros, empleadores, noticias y la internet, somos desconectados de nuestro verdadero yo. La mayoría vive su vida tratando de sobrevivir y buscando ser exitoso. La felicidad ocupa un segundo lugar después de sus trabajos o responsabilidades familiares. La felicidad debería ser nuestra prioridad, pero esto parece egoísta ¿no es cierto? Ser feliz, cuando el mundo no los es. Es la razón por la cual el mundo te necesita. La verdad es: nuestra naturaleza es la felicidad. Nuestra naturaleza es amor incondicional. Nuestra naturaleza es la unidad con todos los seres vivos. Llegamos a reconectar con nuestro ser natural al saber quiénes somos realmente.

Hay algo más en la vida que trabajo y responsabilidades. Hay algo profundo dentro de nosotros que sabe cosas, aun cuando hayamos olvidado prestarle atención o nunca hayamos aprendido a escucharle y confiar en él. Hay algo dentro de nosotros, algo que, si desaparece, ya no estaríamos vivos. Esto es lo que llamamos el alma. El alma es vivacidad y saber. En el alma se encuentra toda la verdad. Es por eso que muchos maestros dicen, "la verdad está en el interior".

Pero ¿cómo llegar a la verdad? Hay demasiadas personas dándonos su opinión. Pretenden enseñarnos cómo creer y afirman cual religión es la única manera. Otras personas a menudo piensan que saben lo que es mejor para ti. ¿No es mejor llegar a la verdad y a las respuestas por uno mismo? De esta forma, la experiencia propia no es solamente una cuestión de fe, sino una experiencia directa. Nadie puede arrebatar tu sabiduría. Tú eres la verdad. La verdad es Dios. Tú eres Dios. ¡Epa! No esperabas esto ¿cierto?

Eres un alma especial, llena de amor, compasión, conocimiento infinito y poder. No hay ego, superioridad o arrogancia. Eres uno con todo y todo es uno contigo. Conócete a ti mismo. Conoce tu alma. Conoce el mundo. Cuando te conoces a ti mismo completamente, no quedan preguntas que hacer.

Este libro trata de conocer y despertar tu verdadero ser.

Cuando tenía diecisiete años, empecé mi búsqueda de la verdad. Me consideré a mí mismo un buscador de la verdad. Me encontré entre nuevos amigos con nuevas perspectivas en la vida. Eso me motivó. Yo quería aprender yoga, meditación y cómo ayudar a otras personas. En esta búsqueda, me di cuenta de que era mucho más difícil de lo que pensaba. ¿Por qué? Bueno, es que la mente se atraviesa en el camino, al igual que lo hacen las emociones. Además, las personas que me fueron guiando no eran tan avanzadas como creía. Yo estaba confundida y perdida, pero seguí decidida a encontrar y revelar la verdad. Todo parecía nublado hasta que conocí a un hombre sabio, simple, un maestro iluminado y ahora mi gurú, Acharya Shree Yogeesh.

A la edad de veinte años, conocí a un iluminado. Me considero afortunada, ya que muchos comienzan su búsqueda más adelante en sus vidas. Cuando conocí a Acharya Shree, pude sentir directamente en su presencia que él había encontrado la verdad. Es como si la verdad emanara de su alma. El primer día que lo conocí, me sentí extremadamente tranquila y relajada. Conocerlo bastó para que desaparecieran la mayoría de mis preguntas. Estaba justo en el momento presente. Sentí mi "ser". Estaba feliz.

Al final de mi primera conversación de una hora con él, la cual deseaba que nunca terminara, él me recordó amablemente, "necesitas orientación; regresa a verme." Estuve de acuerdo. Lo conocí en un jueves y regresé el domingo con más preguntas.

Yo buscaba la verdad. Estaba buscando respuestas a todas mis preguntas. No quería que alguien me diera simplemente las respuestas; yo quería darme cuenta de ellas por mí misma. De esa manera, yo sabría que venían de mi alma, de mi propia experiencia directa. Bajo la dirección de Acharya Shree, sé que he recorrido un largo camino. Sé que tú también lo harás.

Cuando conocí a Acharya Shree, nadie en los Estados Unidos sabía realmente acerca de él. Solía vivir en la India, y multitudes de hasta 80,000 personas asistían a sus conferencias. Sin embargo, notó que, aunque la multitud disfrutaba de sus enseñanzas, no aplicaban lo que habían aprendido. Buscaba a los buscadores de la verdad, y por eso se trasladó hacia el oeste, dejando atrás los miles para ayudar a los buscadores de la verdad.

Después de regresar de la guerra de Irak, lo cual fue una gran prueba para mí, comencé a grabar versiones en audio de mis conversaciones con Acharya Shree. No tenía suficiente tiempo para sentarme, escuchar y tomar notas, así que grabé todo. Más tarde, se me ocurrió crear vídeos de nuestras sesiones de preguntas y respuestas. Afortunadamente, ya existía YouTube.

Cuatro años después de la primera publicación de los vídeos en YouTube, Acharya Shree alcanzó una audiencia mundial con millones de vistas de sus videos. Miles de personas publican comentarios y preguntas, y muchos han llegado a conocer Acharya Shree en persona para aprender directamente. Muchas personas en todo el mundo están ahora en su búsqueda de conocer y darse cuenta de la verdad. Están tratando de conocerse a sí mismos. Están cambiando sus vidas y pensando más positivamente. Un día, pregunté a Acharya Shree cuánta gente se había vuelto vegetariana después de ver sus videos. Humildemente respondió, "por lo menos 18,000". La enseñanza principal de Acharya Shree es, "Si puedes cambiar a una persona, puedes cambiar el mundo entero". Él está haciendo precisamente eso: cambiar el mundo, una persona a la vez.

Fue y sigue siendo un honor para mí grabar sus videos. Si volvemos la vista a las antiguas enseñanzas de los líderes espirituales y otros maestros, sólo tenemos las traducciones que se transmiten a través de las tradiciones orales. Desde la antigüedad, es raro que se obtengan respuestas directamente de la verdad. Escucharlas directamente de un maestro iluminado vivo es lo mejor, porque cuando nos encontramos con ellos, podemos plantearles preguntas y ellos responderán. No podemos siquiera hacer preguntas a Dios, porque no podríamos escuchar las respuestas. Con los iluminados, que son tan pocos en esta tierra, podemos encontrar el camino correcto. Los verdaderos maestros no quieren seguidores. Los verdaderos maestros quieren hacer que sus alumnos sean maestros también.

Este libro es una recopilación de resúmenes de más de cien vídeos que actualmente están en YouTube. Cada capítulo es una compilación de preguntas y respuestas sobre un determinado tema. Cada capítulo tendrá un breve resumen de preguntas al principio, y luego una breve introducción de Acharya Shree, seguido de la pregunta y las respuestas, de manera similar a las publicadas en YouTube.

Cuatro razones por las que el buscador de la verdad inicia su viaje

Curiosidad. Los buscadores de la verdad sienten curiosidad por saber quiénes son realmente, de dónde han venido, y hacia donde se dirigen. Empiezan a hacer preguntas sobre su existencia y su significado. La curiosidad es la fuerza impulsora del principiante, porque siente un profundo anhelo en su corazón por conocer la verdad. La curiosidad impulsa y motiva al buscador a siempre seguir adelante, aunque sólo de pasos pequeños. Sin curiosidad, el viaje nunca comienza.

Cansancio de la vida mundana. La idea de éxito en la vida mundana es impulsada por el deseo de riqueza material y estatus según las convenciones sociales. Cuando una persona se siente cansada del mundo material y aprende que éste no le hace feliz, entonces empieza a buscar la felicidad dentro de sí misma, en lugar de en el mundo externo. Muy en el fondo, el buscador de la verdad está buscando la felicidad real, una especie de felicidad que no es temporal y que no puede ser fácilmente extinguida. Cuando una persona se da cuenta de que la vida mundana no le ofrece la felicidad verdadera, se convierte en un buscador de la verdad.

Pérdida de interés en la religión y la filosofía. Muchos recurren a la religión y a la filosofía para dar sentido a sus vidas y al mundo que les rodea. Pero como la religión y la filosofía están limitadas a sólo a una pequeña "caja", el buscador llega a sentirse insatisfecho con las respuestas que vienen a través de ellas. También empieza a ver las hipocresías y las divisiones entre los líderes y las doctrinas, y se dan cuenta de que estas inconsistencias no pueden conducir a la verdad. La religión se supone que es una fuerza unificadora, no una fuerza divisoria. Cuando la gente ve que las religiones no practican lo que predican, pierden interés. Se vuelven hacia el viaje al interior de sí mismos: la espiritualidad.

Tragedia. A menudo un acontecimiento traumático puede hacer que una persona experimente una especie de "clic" en su vida, un clic que le hace despertar y cambiar su vida y perspectivas. Por ejemplo, si alguien sufre un accidente de coche y podría haber muerto, podría ocurrir un clic y esa experiencia traumática inspira a buscar el significado en su vida y les motiva a vivir la vida al máximo. Ya sea que la experiencia trágica le suceda a uno mismo o a otra persona, un evento puede inspirar el cambio y la búsqueda de la verdad.

Inspiración. Cuando una persona está rodeada de amigos o familiares que son buscadores de la verdad, puede despertar el deseo de evolucionar. Cuando se ve que otros son felices, positivos, que reflejan calma y paz, se pueden desear esas cualidades para uno mismo también. De esta manera, una persona puede ser inspirada para convertirse en un buscador de la verdad a partir de las personas que le rodean.

La pregunta más importante es: ¿por qué eres *tú* un buscador de la verdad?

Lo que aprenderás en este libro cambiará tu vida.

En este libro, aprenderás a despertarte a ti mismo, conocerte a ti mismo y conocer tu mundo. Es a través de tal comprensión y realización que comenzarás a disolver todo el sufrimiento de tu vida. Aprenderás a no ser afectado o afectada por la negatividad y por otras personas.

Aprenderás: a tener confianza en ti mismo y en tu voz; de cómo pueden ser engañosos la mente y el mundo; a confiar en ti mismo; a ser disciplinado y productivo; a mantenerte sano; de por qué la vida es lo que es; sobre el significado de tu vida; a amarte a ti mismo; lo que es el amor verdadero; acerca de tu unidad con todos los seres vivos; la verdad acerca de Dios y de las religiones; cómo meditar; sobre el karma y las vidas pasadas; acerca del alma; del propósito de tu vida; sobre cómo transformarte totalmente. Sabrás por qué tú y otras personas existen; y entenderás por qué hay sufrimiento. Aprenderás acerca de los chakras; sobre la conexión de cuerpo, mente y espíritu. Aprenderás la verdad; todo sobre ti mismo.

Todo este aprendizaje no es una exageración. Al digerir las enseñanzas en este libro y empezar a comprender las profundidades de las palabras de Acharya Shree, el nuevo entendimiento y realizaciones te afectarán profundamente. Cuando aprendes, despiertas. Cuando despiertas, sabes la verdad. Por eso es que estás leyendo este libro.

Algunas de mis lecciones favoritas de este libro...

"Mi enseñanza es sobre encontrar dónde se esconde el ser verdadero y

14

cómo descubrirlo. El verdadero ser está escondido dentro de ti y mi enseñanza es acerca de los fenómenos internos. Encontrar el alma es un viaje hacia atrás, no un viaje hacia adelante. Esta enseñanza no tiene camino ni hitos. Es lo desconocido. Tienes que saltar hacia lo desconocido, si realmente quieres aprender".

"Un estado equilibrado es cuando no reaccionas a elogios ni a críticas. La gente quiere saber qué es la iluminación. Cuando la vida está equilibrada, comienza la iluminación y termina la ignorancia."

"Todo el mundo sabe la verdad; basta con construir ese 100% de confianza en ti mismo. Pierdes la verdad debido a tu falta de confianza en ti mismo."

"Cuando buscas profundamente en tu ser, eres espiritual. Este enfoque, no aquel centrado en otros o en el mundo exterior, en la profundidad de tu alma, te llevará a Dios. Esta no es una creencia; es un saber. Ser espiritual hace florecer. Trae paz a la persona y al mundo."

"La meditación es el estado de la conciencia de la no acción. Es por esto que es un sustantivo. Si estás tratando de hacer algo, estás lejos de la meditación."

"Cada día, cada vez que te despiertes, ignora tus pensamientos negativos. Hay dos opciones al despertar: puedes elegir ser infeliz durante todo el día, o puedes elegir ser feliz todo el día. No importa lo que estés sintiendo, cuando te despiertes por la mañana, elige la felicidad. En cualquier circunstancia, no importa cuánta infelicidad te rodee durante el *día, habrás elegido la felicidad. El mensaje al mundo que estoy dando es, elige siempre la felicidad, elige siempre ser positivo, elige siempre la paz, no la guerra; elige siempre buscar lo espiritual, no la religión, elige siempre cómo vivir en paz consigo mismo. Si logras vivir en paz contigo mismo, algo que no puede hacer la mayoría de la gente, automáticamente podrás crear paz en el mundo porque ya estás en paz. Otra persona no puede atacarte porque estás en paz. Así que en vez de cambiar a otra persona para que sea pacífica, tú mismo estarás en paz."*

¡Despierta!

Al principio de la introducción, mencioné que incluso una sola palabra puede cambiar tu vida. Una palabra puede despertarte. Despertar significa conocer tu alma. Cuando estás totalmente despierto, es cuando todo se te revela. Una sola chispa puede provocar un incendio. Incluso una palabra puede encender tu alma y comenzar su viaje hacia el despertar y la verdad.

Es tu oportunidad de despertar. Tu tiempo para ser feliz. Es hora de ser quien realmente eres. Ahora es tu momento de brillar.

Creé en ti mismo. Amate a ti mismo. Conócete a ti mismo. Porque la esperanza para un mundo mejor comienza contigo.

Sadhvi Siddhali Shree

Discípula principal de Acharya Shree Yogeesh

Director espiritual del Siddhayatan

EL BUSCADOR DE LA VERDAD

EL BUSCADOR DE LA VERDAD

Es difícil encontrar a un auténtico buscador de la verdad. Esto no significa que no haya buscadores en nuestro mundo. Hay muchos buscadores, pero están buscando la verdad en el exterior, en lugares físicos como templos, sinagogas, mezquitas, iglesias u otros lugares que se consideran santos. La verdad no se encuentra allí. Para un verdadero buscador, la verdad significa Dios y Dios significa la verdad. Pero las personas están buscando de forma incorrecta. La verdad no es un fenómeno externo. Es un fenómeno interno. La verdad se esconde en el interior de cada uno. Al igual que Dios. Es como la mantequilla oculta en la leche. Pero para encontrar la mantequilla, debe conocerse el proceso de cómo obtenerla. Lo mismo es válido para la verdad. La verdad no está separada de nosotros. Somos la verdad. Si existimos, eso significa verdad. Nuestra existencia lo demuestra. La verdad es eterna. La verdad sólo puede ser realizada.

Los verdaderos buscadores de la verdad, antes de lograr revelar la verdad, deben encontrar a un maestro iluminado. Un maestro iluminado puede ofrecerles la manera de encontrar la verdad. Aun así, deberán andar su propio camino, el Maestro les guiará como un dedo que señala a la Luna. Aunque la Luna es visible, eso no significa que se pueda alcanzar sin hacer un gran esfuerzo. Los verdaderos buscadores de la verdad, los que buscan sus propias almas, son muy raros. La mayoría de la gente está preocupada únicamente por los otros. Buscan la verdad en los otros, pero nunca buscan dentro de ellos mismos. El día en que comienzan a mirar hacia sí mismos, han dado un pequeño paso hacia la verdad.

Los buscadores de la verdad deben ir en un viaje de retorno. La mayoría de los buscadores quieren conocer sus vidas pasadas para ayudarles en esta vida, pero aún no saben cómo recordar la vida que viven actualmente. ¿Cómo pueden recordar vidas anteriores si no pueden recordar su vida a la edad de dos años, de uno, de seis meses, o su vida en el vientre? No tienen ni idea. Existimos y no recordamos. Nos hemos olvidado de esta vida.

Con el fin de conocer la verdad, un verdadero buscador debe emprender un viaje hacia atrás en las profundidades de la conciencia. La verdad auténtica, el verdadero tesoro, está escondida allí. En este descubrimiento se dan cuenta del alma, *atma*. Atma es la conciencia que está mirando, escuchando, que recuerda todas las cosas, sentimientos y recuerdos. Los auténticos buscadores de la verdad se centrarán en esa sustancia. El verdadero viaje es hacia el alma.

Si puedes recordar esta vida, puedes recordar tus vidas pasadas y tu alma. Los verdaderos buscadores de la verdad practican una técnica, *pratikraman*, que proviene de la tradición jainista. Es una técnica que indica regresar a través de todo lo que ha sucedido en el día, bueno y malo. Cuando practiques esta técnica todos los días, la verdad comenzará a desplegarse. Puede llevarte a dónde estabas y lo que hiciste hace un año, diez años o hace cincuenta años. Lentamente, si practicas esta técnica y te concentras completamente, la verdad te será revelada.

Como los buscadores de la verdad son escasos, puede ser difícil reconocerlos. Hay seis maneras de saber si uno es un buscador de la verdad. La primera es que los buscadores de la verdad son muy amorosos, compasivos y han dado el primer paso hacia la espiritualidad. El primer paso es la no-violencia. No matan animales para satisfacer su hambre. Eligen la categoría más baja de vida para su supervivencia. La segunda es que minimizan sus cualidades más bajas tales como la ira, el ego, la avaricia, la violencia, las conductas innobles y el lenguaje ofensivo. También transforman sus cualidades inferiores en cualidades superiores como el amor, la compasión, el ayudar a los demás, la meditación, el recitar mantras o realizar otras prácticas espirituales. El tercer síntoma es que se muestran muy tranquilos y en calma. En cuarto lugar, tienen mucha paciencia. En quinto lugar, han adquirido habilidades superiores de escucha para comprender a los otros. En sexto lugar, tienen la capacidad de absorber las enseñanzas reales de los maestros. Es por este sexto síntoma que digo que los buscadores de la verdad son escasos. Es difícil para la mayoría de la gente comprender y aceptar las enseñanzas reales de los maestros en sus vidas. Aunque puede ser difícil encontrar un buscador de la verdad, ellos están a nuestro alrededor. No son numerosos. Aunque parezca que pueden haber muchos, especialmente dentro de la comunidad de yoga y meditación, realmente hay muy pocos. Recuerda, la verdad sólo puede ser realizada, porque se esconde dentro de ti. Una vez que despiertas, la verdad se despliega.

¿Quién es un verdadero buscador de la verdad?

Un buscador de la verdad es alguien que está tratando de descubrir su verdadero ser: quien realmente es. Un buscador de la verdad no está buscando a Dios, Jesús, Mahavir o Buda. Quieren saber por qué están aquí, por qué son humanos y de dónde viene. El buscador quiere encontrar el propósito de su vida.

Buscar es un tipo de curiosidad que eventualmente traerá respuestas. Incluso los niños son muy curiosos acerca de sí mismos. Quieren saber qué son sus cuerpos. Mirarse en el espejo e interrogarse. Estos niños son buscadores espirituales, pero desafortunadamente se encuentran con maestros religiosos en lugar de Maestros espirituales. Si estos niños tuvieran la oportunidad de encontrar maestros espirituales, florecerían verdaderamente y se convertirían en gente hermosa.

Es lamentable que a veces se encuentren *madrasas,* pero no verdaderas escuelas espirituales. No es fácil encontrar a un verdadero Maestro espiritual. El mundo está lleno de discípulos, pero son pocos los verdaderos Maestros iluminados. Los maestros enseñarán las tradiciones y los llamados *sadhus* enseñarán a usar drogas, pero ninguno de ellos puede enseñar cómo florecer realmente. Entre todos los buscadores, hay sólo unos pocos que logran florecer de verdad; ellos postulan las preguntas reales y son muy afortunados si encuentran a un maestro iluminado vivo que pueda tener un impacto real en sus vidas y les ayude a transformarse totalmente.

En la vida, ser un verdadero buscador es muy importante y encontrar a un maestro vivo será la bendición más grande para esa persona.

¿Qué es la iniciación?

La iniciación es el don del despertar. Es difícil despertar a una persona porque han estado dormidos durante siglos. A pesar de los muchos maestros que han ido y venido, la mayoría permanece en un sueño profundo. A veces, sin embargo, con buena suerte y karma, una persona se siente inspirada por alguien como Jesús, Buda y Mahavir. Es en esos escasos momentos que despiertan por un rato, y luego cuando el maestro se va, regresan de nuevo a su estado de hibernación. *Shaktipat* es una forma de iniciación.

Hoy la vida es rápida y la gente no tiene paciencia para la técnica de *shaktipat*, una iniciación que requiere años. La gente quiere iniciación inmediata. A veces iniciaré a una persona inmediatamente por este motivo, pero no es la iniciación formal porque las personas tienen que estar completamente listas. Nuestra iniciación en Siddhayatan se llama *Siddha-paanam*, en sánscrito. En hindi, se pronuncia *Siddha- paan*.

Aunque muchos tienen que esperar años para una iniciación verdadera y formal, doy algunas técnicas que pueden seguir para comenzar su práctica. Después de mucha dedicación y práctica, la iniciación ocurre por sí misma. La persona estará totalmente despierta, lo cual significa que la iniciación ya ha ocurrido. La ignorancia ha desaparecido de su mente. La mente ya no le bloquea y la persona se entrega. La persona siente que el maestro es el maestro correcto. Confían plenamente en el maestro. Si no ocurre la entrega, la iniciación no tiene lugar.

La entrega puede ocurrir con un maestro que ya no viva, incluso con un árbol. La importancia no es el maestro, sino que tan preparado estés. No importa dónde te encuentres, el maestro aparecerá. Si no puedes encontrar a un maestro vivo, puedes entregarte al universo y tu iniciación ocurrirá. Al universo nunca le faltan los maestros. Cuando alguien comienza a florecer, no hay ninguna resistencia. Vendrá el maestro.

Un Maestro tiene un deber y una responsabilidad. La entrega proviene del discípulo y la responsabilidad proviene del maestro. Por eso Krishna podía decir a Arjuna: "déjalo todo y sígueme. Yo tendré cuidado de ti." El Maestro hace la promesa al estudiante de enseñarle y ayudarle a despertar.

Cuando una persona se entrega, se convierten como la nada, aunque la entrega no es esclavitud. Viene del corazón. Es el estado más elevado de conciencia. Es total humildad. Cuando una persona sale del sueño, llega a ser consciente. Cuando se abre la conciencia, la iniciación comienza.

Encuentra la manera de someter tu ignorancia y tu ego. No dejes que tu ego se interponga en el camino. Muchas personas que quieren iniciación a menudo experimentan una resistencia interna porque es difícil someterse a un maestro vivo. Es el papel del maestro reaccionar y corregir con el fin de ayudar al alma que busca despertar. Debido a su propia debilidad, ignorancia e incapacidad para aceptar la corrección, muchos buscan someterse a maestros muertos o estatuas, ambos son inútiles. Rendirse ante una estatua que uno cree que es Dios no es una verdadera forma de entrega; por el contrario, es engaño.

Si cometes un error, el maestro vivo te corregirá, pero una estatua no haría nada. Hablar o rezar a una estatua es como dormir. La iniciación nunca tendrá lugar para estas personas. La iniciación es lo más difícil, pero es el máximo regalo del despertar de este sueño profundo.

La mente es el mayor obstáculo para someterse. Crea el ego. Una vez que la entrega se lleva a cabo, el maestro se apresurará hacia la persona.

Una vez que una persona se inicia, parecerá extraña al resto de la sociedad. Un santo Sufí fue visitado por un ángel que le aconsejó quitar toda el agua de los pozos de la ciudad, porque al día siguiente toda el agua iba a ser envenenada. Beberla iba a hacerle enloquecer. El Santo guardó algo de agua para sí mismo. Al día siguiente todos en la ciudad bebieron el agua y se volvieron locos. El santo era el único hombre que no fue afectado. Los ciudadanos estaban todos afligidos con su locura, sin embargo, se veían a sí mismos como normales. Se dieron cuenta del Santo y empezaron a pensar que algo andaba mal con él; parecía como un loco, y las personas que habían enloquecido sintieron que eran normales. A menudo, la persona que es normal parece un loco a los ojos de los demás.

Aquel que está despierto parece dormido, y la persona que está dormida parece despierta. El iniciado parece un loco a los ojos de los otros. El iniciado no es como los demás.

La iniciación es el proceso de despertar. Esta iniciación es poco común. El universo carece de discípulos. En la iniciación, el discípulo se somete al maestro, quien, a su vez, se convierte en responsable de su discípulo. En la verdadera iniciación, el maestro no quiere que el discípulo permanezca siendo un discípulo. El maestro iluminado hace del discípulo un maestro. Eleva a la persona desde el sueño profundo hasta la completa iluminación, el despliegue de la conciencia. Todos necesitan ser iniciados y despertados del sueño. Es el máximo regalo del maestro a su discípulo.

¿Por qué la gente se desvía del camino espiritual?

Debido a la ignorancia, la gente no toma el camino espiritual. La palabra hindi para la ignorancia es *avidya*, que se traduce como "falto de sabiduría." En el sendero espiritual hay muchos obstáculos. Cuando una persona se embarca en el sendero espiritual, otros la criticarán porque llegará a ser diferente, y ven esto como algo malo. Cuando alguien despierta, los otros le consideran loco porque esa persona ya no pertenece a ese grupo. Esto es debido a su ignorancia. Sin embargo, a veces la persona que está siguiendo el camino espiritual queda atrapada en las ideas y juicios de los otros. Abandonan el camino porque empiezan a creer que algo está realmente mal en ellos, esto es debido a su ignorancia. La ignorancia es la raíz de todo sufrimiento y karma. Por esta razón es importante tomar el sendero espiritual.

El primer paso hacia el camino espiritual es difícil, pero una vez emprendido, es posible que el buscador de la verdad lo siga hasta el final. De alguna manera tienes que disolver esta ignorancia encontrando un maestro iluminado que te guiará. El maestro iluminado te despertará de tu ignorancia, porque la gente se piensa como los seres más civilizados de la tierra o en el universo. Es sólo su ego el que habla.

La humildad es la raíz del camino espiritual. La humildad crea paz dentro de ti, y el maestro que te acompaña, te guiará hacia el despertar. Trabaja en tu ignorancia; disuélvela. Debido a la ignorancia, hay apego, ira, ego y engaño. Aprende del iluminado, pero no te quedes atrapado en la religión. La religión puede hacerte un erudito de libros, pero no puedes romper la ignorancia con religión. Cuando la ignorancia llega a su fin, te conviertes en una semilla que crece como un hermoso árbol.

¿Por qué no gusta a las personas oír la verdad?

La verdad es amarga, y ¿quién desea la amargura? Dios es la verdad y la verdad es Dios. Esta verdad es muy difícil de asimilar. La verdad entera sacudirá a la gente y todas las creencias y las ideologías desaparecerán. Por ejemplo, si digo: "Dios no es todopoderoso," la gente se rebelará porque todas sus vidas han estado pensando lo contrario. Si digo: "La Biblia no es la palabra de Dios," la gente quedará impactada. Más bien debería decir que la Biblia, especialmente el nuevo testamento, contiene algunas de las enseñanzas de Jesús.

Fuera de un templo jainista en la India está escrito el nombre de Tirthankar Mallinath, que es un nombre masculino. Sin embargo, en realidad el Tirthankar era una mujer con el nombre de Mallibai. En la inscripción fuera del templo se lee: "Viva la verdad", pero sin embargo en el interior dicen lo contrario. La gente no quiere aceptar la verdad de que ella era una dama.

Para mis alumnos, doy una pequeña verdad a la vez, un caramelo amargo cubierto con azúcar, por lo que parece dulce. Lentamente, la gente logra darse cuenta de la verdad. Si digo, "No existe vida después de la muerte," la gente se sentirá sacudida, especialmente los hindúes, que creen en la reencarnación. La verdad es que no hay ninguna reencarnación; la vida es continua, y el alma nunca muere. La preguntar sobre qué fue primero, si el huevo o la gallina, es una pregunta equivocada. Esto es una falsa ilusión. La respuesta es que el huevo está en proceso de convertirse en una gallina. Es sólo una cosa, la continuidad de la vida. No hay ninguna dualidad. Esta verdad es algo muy difícil de comprender.

Los cristianos o los musulmanes rechazan la meditación porque viene de la India. La meditación es el mejor instrumento para crecer espiritualmente. Ayuda a todos los aspectos de nuestras vidas. Libera toxinas del cerebro y relaja el cerebro, el cuerpo y la mente. La meditación es la llave para entrar en el alma. No es religión. El yoga es simplemente un ejercicio físico, mental y espiritual, sin embargo, es rechazado por las religiones. El Papa Juan Pablo II lo condenó. El yoga es una gran herramienta para crecer en salud física y espiritual. Conecta a quien lo practica con un poder superior, Dios, la conciencia suprema.

La gente sólo quiere creer lo que han oído decir, que Dios creó todas las cosas. Pero entonces ¿quién creó a Dios? Acepta que el alma y la materia son eternas. Dios no está separado de nosotros. Conocer esta verdad nos libera de la tensión y de la enfermedad.

Si uno se está desprendiendo de una religión establecida para volverse espiritual, ¿cuáles son tus sugerencias?

Mucha gente está cansada de las religiones establecidas, especialmente del cristianismo. Las exigencias impuestas se han vuelto abrumadoras. Sentimientos de culpa, la obligación de confesar los pecados y así sucesivamente es algo muy pesado para las personas. En el judaísmo, en particular, Dios es un Dios vengativo. Ha hecho que los seguidores se cansen de Dios.

En el Nuevo Testamento, Jesús modificó muchas de las viejas reglas del Antiguo Testamento. Aquello de "ojo por ojo y diente por diente" fue reemplazado por el amor y la compasión, pero eso no es suficiente. Ahora, la gente quiere encontrarse a sí misma, encontrar quiénes realmente son. Van en búsqueda, pero la mayoría queda atrapada por swamis y gurús de autoayuda que carecen de conocimiento y que no han despertado.

Hasta que encuentren a un verdadero maestro, un maestro iluminado, carecerán de orientación.

Hay muchos caminos para encontrar a Dios. Este Dios no es el Dios del cristianismo, el judaísmo o el hinduismo. Este Dios está oculto dentro de ti. Al expandir tu propio ser, te conviertes en Dios. Para ser guiado a encontrar esto, necesitas a una persona iluminada. Invierte tu esfuerzo en encontrar al maestro correcto, un maestro vivo que no tenga ningún interés en el dinero o los bienes, como ocurre con las iglesias. Un maestro iluminado te hará romper con tus viejas ideologías y procurará hacer de ti una nueva persona. Empezarás a florecer bajo su guía. Tu fragancia se extenderá entre los otros. Si puedes cambiar a una persona, puedes cambiar al mundo. Estoy enseñando a una persona a la vez para lograr el cambio, uno a la vez. Te guiaré por el camino correcto.

¿Cómo conocemos a Dios?

Los diferentes ríos de espiritualidad se funden en el mismo océano. El objetivo final es el océano. Todas las religiones aspiran a descubrir la divinidad. Dios recibe muchos nombres diferentes, pero siempre es el mismo Dios.

¿Cómo alcanzar esta meta? Tenemos que hacer mucho *purushartha*. Así se llama el karma de esfuerzo. Sólo hazlo y no pienses en el resultado. Medita, trata de quemar tu karma y trata de entender. Con mucho esfuerzo llegarás a la meta de la divinidad. Dios es como una luz: sin molde, sin cuerpo y sin forma. Te rodea. Tu alma es igual a la luz. Un día, tu alma, que se conoce como *atma*, se convertirá en *mahatma*, una gran alma y más adelante en: un alma expandida. Alcanzar este objetivo requiere mucho esfuerzo. Dios es un fenómeno interno. Tienes que hacer de tu cuerpo un templo, algo divino, y Dios estará allí.

Con ira, celos, engaño, ego y codicia, perjudicamos a nuestra naturaleza divina. *Purushartha* conduce a la comprensión sobre cómo disolver estas negatividades. La comprensión conduce a la disolución, y la disolución conduce a la liberación del sufrimiento. El apego a estas cualidades evita tu liberación. El sufrimiento te mantiene en el ciclo de nacimiento y muerte.

No es fácil el camino a la liberación. Se necesita un gran esfuerzo. Es como un río que corre haciendo su propio camino. Tiene fuerza, potencia y solidez. Necesita estas cualidades para fluir hacia el océano. El río se encuentra con muchos obstáculos a lo largo de su trayectoria, pero gracias a su fuerza, valor y determinación, encuentra su camino.

Sé como un río, y a pesar de los obstáculos no tendrás miedo. Piensa que esta es la única vida que tienes: si abusas de ella, la perderás. Utilízala para mejorar tu amor, tu compasión y para elevarte, así puedes liberarte del karma. Dios estará justo ahí. Realizarás a Dios.

¿Por qué son escasos los buscadores de la verdad?

Miles de personas se atreven a transitar por el difícil camino de la espiritualidad. De cada mil, 900 personas dudan sobre si emprender o no el camino. De los cien restantes que han dado el paso, noventa nunca llegan a la meta. Sólo diez personas llegan al punto de destino, pero realmente no cosechan los frutos de su trabajo. De mil personas, una persona alcanza a cosechar el resultado. Nueve de cada diez se quedan parados en la orilla del río, nunca tienen la valentía de dar el salto.

Imagina que tienes dos vasos delante de ti, uno lleno de leche y el otro con agua. En la leche colocas azúcar y en el agua, una pequeña piedra. Después de un rato, cuando pruebas la leche, te sabrá dulce, un buen resultado. El azúcar se ha convertido en uno con la leche. En el agua, donde no se disuelve la roca, no hay ningún resultado. Cuando la gente va a un templo o visita a un iluminado, llevan sus mentes con ellos. Cuando están en el trabajo, piensan en el *ashram* o la verdad. La mente está fragmentada. La mente no puede estar entera en el sendero espiritual; no puede ser uno. La clave consiste en disolver la mente.

Hay una secta en Japón que se llama Zen, que es bien conocida. Un estudiante fue a un maestro quejándose de que no podía meditar. El maestro estaba caminando en el jardín mientras el estudiante le dijo su problema. Después de un rato, el maestro lavó su ropa, y más tarde preparó su comida y comió. El estudiante le preguntó: "¿no vas a responder mi pregunta? Llevo aquí horas y todo lo que hacen es verme". Pensó para sí mismo, "este maestro no es el iluminado". Estaba listo a salir cuando el maestro lo detuvo, diciendo: "¿por qué no te quedas? Vienes de un largo camino". El estudiante cambió de parecer y se quedó. El maestro siguió observándolo todo el día. Una vez más, el estudiante pensó, "No hay nada que aprender aquí". Después de dos días se preparaba para irse y el maestro le preguntó si había aprendido algo. El estudiante respondió, "no".

El maestro dijo: "en todo lo que he estado haciendo, lo he hecho con todo el corazón, ya fuera ello comer o caminar o cualquier otra cosa".

¿Has notado que cuando un escultor hace una estatua de una gran roca, trabaja cuidadosamente e incondicionalmente? Si su mente vaga, la estatua nunca surgirá. Cuando decimos un mantra, la mente deambula y no queremos quedarnos en reposo durante diez minutos. Somos como la roca en el vaso de agua. No trae ningún resultado. No podemos ser uno con el agua. Tenemos que ser como el azúcar de la leche.

El camino espiritual es como una aguja. Si tienes una espina en el pie, se puede quitar con la aguja. Si sólo tocas con la aguja la superficie de la piel, la espina no saldrá. Por eso no llegamos a ninguna parte. Necesitamos empujar la aguja más profundamente con el fin de sacar la espina.

Una persona puede escribir una hermosa carta a alguien, pero cuando la envía por correo con la dirección incorrecta, la otra persona nunca recibirá la carta. No importa cuán hermosas las palabras, se pierde.

Necesitas conocer todo el camino, cómo caminar en él y cómo hacer que la mente sea uno con él, así como el azúcar en la leche. No importa lo que hagas, si lo haces de todo corazón, incondicionalmente, se convierte en espiritualidad. Llegarás a tu destino. El día en que tu corazón inocente con una mente disuelta disfrute caminando en el sendero espiritual, se abrirá la puerta del éxtasis y de la dicha eterna, y llegarás a tu destino. Ese es el secreto.

¿Tenemos que renunciar a nuestra familia para la práctica del no apego?

La gente piensa que dejar todo atrás es el no apego. Alguien puede dejar todo, familia y posesiones, e ir a la selva a meditar, pero si esa persona tiene una mente turbulenta, creará un mercado en la selva. Contará los árboles y los animales entre sus pertenencias. Habrá dejado un conjunto de pertenencias para crear otro. Está todavía en la misma situación.

El no apego pertenece a tu mente. Puedes tener miles de millones de dólares, pero no estar atado a ellos. Si estás profundamente con tu familia o con tus posesiones, estás apegado. Si las posesiones están en tu mente, esa es entonces una posesión real, estás apegado a ellas. Eres libre sólo si no posees cosas mentalmente en tus pensamientos. Significa que has alcanzado el entendimiento en el que comienza el no apego.

Los llamados *sanyasis* piensan que son sanyasis de verdad. La palabra *sanyasi* significa una persona que renuncia a todo. Estos sanyasis viven en un ashram y construyen otra posesión. Es muy raro que haya sanyasis auténticos, para quienes, en sus mentes, todo ha desaparecido. Si no has conseguido deshacerte de posesiones o ataduras en tu mente, soñarás siempre con cosas.

Cuando estés rodeado de tu familia, es difícil no sentir el apego. Cuando empiezas a meditar y a hacer prácticas espirituales, puedes que sientas que debes alejarte de ellos. Pero el no apego es cuando tu familia se convierte en alguien como todos lo demás. Sientes amor hacia tu familia, así como a todos los demás. Significa que tu amor se está expandiendo y que ya no estás conectado a una pequeña cosa. Cuando te reduces a una pequeña casilla, significa que te estás suprimiendo a ti mismo.

Una vez que hayan terminado tus responsabilidades hacia tu familia, puedes convertirte en parte de la familia espiritual. No estarás suprimiendo nada entonces. No hay ninguna culpa ni apego. Cuando tu amor se expande de tu familia hacia el mundo entero y el universo, eres una persona muy afortunada, especialmente si estás con una persona iluminada. Sentirás unicidad con todo y todos. Ese amor expandido es el no apego, incluso si todavía tienes mucho dinero y muchas casas.

¿Cuándo debe un buscador de la verdad dar inicio a su viaje?

Un auténtico buscador se encuentra uno en un millón. En el mundo, pareciera que hay una gran cantidad de buscadores; pero sólo "pareciera", pues en realidad, la mayoría de estos aparentes buscadores son como ovejas que simplemente siguen a otros. Mi enseñanza no consiste en formar seguidores. Lo que yo enseño es que seas real, lo que cada quien realmente es: que seas tú mismo.

Es fácil ser un seguidor. Las iglesias y los templos suelen llenarse de gente, pero ¿se trata de buscadores verdaderos? Las iglesias y los templos parecen lugares muertos. Allí no hay gente joven, solamente viejos. Los viejos están cerca de la muerte y se sienten pecadores. Están en la iglesia y piden perdón. ¿Por qué los jóvenes no acuden? Podemos ver niños allí pero sólo van a jugar. Las iglesias se han convertido en una especie de guarderías donde la gente lleva a sus niños a que los cuiden.

Los buscadores de la verdad empiezan a una edad temprana. Mahavir dijo que los buscadores de la verdad necesitan saber que existen los siguientes obstáculos:

1. enfermedades del cuerpo

2. la vejez

3.   debilidad de los sentidos

4.   estar inmerso y atrapado en costumbres y tradiciones

Cuando Mahavir estaba abandonando su cuerpo y fusionándose con la más alta de las conciencias, o Dios, la gente le preguntó "¿qué haremos cuándo te hayas ido? ¿podremos tener estatuas de tu imagen?" Mahavir condenó la idea. Dijo, "ninguna estatua ni culto, porque ¿qué es lo que realmente adorarán si ya me abre ido?"Pero, entre más condenaba esa práctica, hacían más estatuas de su imagen. Igual sucedió con Buda. La gente contradice las enseñanzas de Mahavir y de Buda. No son buscadores de la verdad. Están faltando al respeto a sus enseñanzas. No estoy contra de tener estatuas de Mahavir o de Buda, porque son simbólicas. Es una buena manera de ver cómo meditaban, pero si no seguimos realmente sus enseñanzas nunca seremos buscadores de la verdad.

El buscador de la verdad se supone que debe empezar a una edad temprana, cuando se está lleno de energía. Es importante la energía, combinada con una guía correcta y un maestro adecuado que lentamente y de manera oportuna nos expone la verdad. El maestro no se tendrá en decir la verdad. No te quedes atrapado por las tradiciones o los templos. Los templos están llenos de sacerdotes, ¿y quién fundó el templo? Un swami. ¿Qué hace un swami? Rinde culto a las estatuas. Las estatuas no te llevarán a Dios. Rendir culto significa alabar a Dios. Dios no necesita alabanzas. Dios está más allá de las alabanzas o de la crítica. Por eso mismo es Dios. No deseo convertirte en oveja o seguidor. Deseo ayudarte a ser buscador de la verdad. Una vez que llegues a ser un buscador de la verdad, sabrás qué hacer. Tendrás que partir en un viaje interno. Tienes que ver quién eres realmente. Desconecta todos los sentidos del mundo externo. El viaje interno es como ir al revés. Irás más allá del cuerpo, de los pensamientos y de la mente. Allí sentirás algo especial, quizá tu alma, tu atma, que sabe todo. El alma está más allá del cuerpo y de la mente. El auténtico buscador de la verdad se vuelve tranquilo, amoroso, no violento, y compasivo.

El alma es la residencia de todas las grandes cualidades. Puedes sentirla. Y si estás cerca de tal persona, podrás sentir esas cualidades que emanan de él. Los auténticos buscadores de la verdad en la tierra son contados. Nunca se vuelven seguidores, porque un seguidor busca fuera de sí mismo. El auténtico buscador de la verdad busca dentro de sí. La verdad está dentro. Tú eres la verdad. Existes; eres la verdad. Descubre quién eres realmente.

¿Cuáles son las claves de la realización personal?

Esta es una pregunta frecuente y al plantearla, la mayoría de la gente cree que ya se conoce a sí misma. Sin embargo, conocer el propio ser es algo difícil.

Hay pasos para alcanzar la realización personal. En primer lugar, el cuerpo humano consiste en un cuerpo burdo y un cuerpo sutil. Para lograr la conciencia de uno mismo, el cuerpo burdo de una persona debe ser despejado de obstrucciones.

Hay tres canales en el cuerpo: *Ida, Pingala* y *Shushumna*:

Ida: La respiración se realiza a través de la fosa nasal izquierda. Este es el canal de la luna (frío).

Pingala: La respiración se realiza a través de la fosa nasal derecha. Este es el canal del sol.

Shushumna: La respiración se realiza por igual a través de ambos orificios nasales. Es el centro de la columna vertebral.

Una persona que está siempre equilibrada está siempre en *Shushumna*, es alguien que ya alcanzó la realización personal. Se trata de una técnica difícil de dominar porque una persona típicamente está desequilibrada, ya sea tomada por la ira o por el amor. La clave del equilibrio está en tu mano y la cerradura está ante ti. Pero no puedes verla. Cuando un diamante está en tu mano, piensas que es un pedazo de roca.

Un ciego se perdió en una gran fortaleza con millas y millas de largo y una sola puerta. Alguien le dijo que podría encontrar la puerta si se mantenía caminando con su mano siempre en la pared. Dijo que no le importaba caminar, y lo hizo así muchas millas. Cuando llegó cerca de la puerta, sintió comezón en su cuerpo, así que quitó su mano de la pared para rascarse mientras siguió caminando. Perdió la puerta. Se mantuvo caminando y esta operación se repitió varias veces. La clave estaba en su mano y la puerta estaba allí, pero no pudo encontrarla.

Somos ilusos y por eso no podemos alcanzar la realización personal. La razón es porque no podemos mantenernos en equilibrio. Si podemos mantenernos en *Shushumna* siempre, estamos equilibrados. Incluso un animal salvaje que viene hacia ti no puede dañarte, porque sentirá que eres no violento.

El equilibrio es la clave para alcanzar la realización personal. De todos los caminos, este es el más fácil. Si la respiración fluye siempre igual en ambos canales, estarás en contacto con tu alma. Esta es la forma más sencilla.

¿Cómo podemos conocernos a nosotros mismos?

Si uno no se conoce a sí mismo, uno comete un crimen contra su propio ser. Tu vida está incompleta si no te conoces a ti mismo. Todo el mundo se pregunta "¿quién soy yo? ¿Cómo puedo conocer mi ser?" Para conocerte a ti mismo, necesitas a un Gurú que ilumine luz en tu ignorancia. Pueden iluminar tu alma.

Te sugiero que consideres las siguientes afirmaciones y preguntas:

- Conocer a otros trae sólo problemas y hace tu vida miserable.

- ¿Cómo puedo vivir pacíficamente sin los otros? Esto requiere práctica.

- ¿Cómo puedo conocer mi propio ser?

- Es una ilusión pensar que te conoces a ti mismo porque otros lo dicen. Significa que no te conoces a ti mismo.

- Es imposible conocer al verdadero ser al presentarse como alguien con una maestría o un doctorado. Estos nombres o grados te son dados. No son tú.

- Es mejor vivir con la multitud interna en lugar de con la multitud exterior. Esto te conduce a conocerte a ti mismo. Si puedes conocerte a ti mismo a través del mercado de tu multitud interior de pensamientos o emociones, obtendrás el conocimiento verdadero.

- Si quieres conocerte a ti mismo, abre tu corazón de tal manera que la puerta interior se abra ante ti para que entres en tu ser, tu alma.

Recuerda que otras personas solo te traen miseria. Si te conoces a ti mismo, estás tranquilo y satisfecho. Tratar de mirarte. La gente quiere conocer a Dios, pero tratan de conocer al otro. Si conoces tu alma, conoces a Dios.

Un poeta escribió:

La imagen de Dios está en tu corazón; sólo tienes que inclinarte y mirar a tu corazón. Si miras en tu corazón, te conocerás a ti mismo, y cuando te conoces a ti mismo, conoces a Dios. Inclinar tu cabeza ante tu corazón automáticamente mata tu Ego. El Ego es el mayor obstáculo en tu camino.

VIDA

¿Cómo eliminamos las expectativas de amor? (44)

¿Cuál es el verdadero significado del amor? (46)

¿Cuál es la verdadera belleza? (47)

¿Está definido el número de respiraciones antes de nuestra muerte? (48)

¿Qué es la mente? (49)

¿Qué es el cuerpo, la mente y la conexión del espíritu? (51)

¿Qué es la autocrítica? (52)

VIDA

La vida es bella. La vida es felicidad. La vida es amor y la vida es la risa. La vida real fluye, no importa si la persona está en la adversidad o en la prosperidad. Si no se ven afectados por ello la vida puede ser muy fácil. La mayoría de la gente encuentra difícil la aceptación. Si es invierno, muchas personas dicen que les gusta el verano, pero cuando llega el verano no les gusta. Ellos no se dan cuenta que no tienen otra opción. Tienes que aprender a fluir en ambos casos. La vida se hace más fácil cuando aceptas ambas y fluyes sin oponer resistencia. Si aprendes a aceptar la prosperidad y la adversidad, la felicidad y la intranquilidad, estarás en equilibrio. Comenzarás a llevar una vida real, una vida equilibrada. Si alguien te alaba, no te sentirás en las nubes. Si alguien te critica, no bajarás tu autoestima tanto que incluso no puedas funcionar. Uno debe aceptar ambos. En equilibrio seguirás siendo el mismo en el éxito y el fracaso.

La vida no significa simplemente vivir, comer, beber, casarse y ser feliz. La vida es un gran descubrimiento. La vida es un gran reto, y no importa en qué familia se nace, de reyes o de pobres, encontrarás altas y bajas en la vida. Uno puede también experimentar dolencias física y mentalmente, como el estrés, indigestión o dolor en los huesos. La prosperidad no impide experimentar dolores físicos, mentales, o sufrimiento. Por esta razón digo que la vida es muy complicada.

Uno es afortunado cuando descubre el propósito de la vida a una edad temprana. Algunos sí se preguntan cosas como ¿por qué estoy aquí? ¿por qué nací? ¿quién soy yo? ¿de dónde vengo? ¿a dónde voy? ¿por qué estoy sufriendo? Empiezan a cuestionarse, y comienza su verdadero descubrimiento. Donde hay curiosidad, existe la posibilidad de que tu camino te lleve hacia tu verdadero propósito de vida. Una vez que entiendas esta vida humana, entonces podrás ir más allá de estos sufrimientos y del dolor. Incluso si tienes dolor en el cuerpo, puedes alcanzar este estado. No te darás cuenta si tienes altibajos, porque estarás en equilibrio. Si tu vida está fluyendo, vives de momento a momento. Cuando una persona comienza a vivir momento a momento, se vuelve como un pájaro.

Si vas a un nido de pájaros, nunca tienen comida para mañana. En comparación, una vida humana es muy complicada. Las personas piensan y hacen planes para las generaciones venideras, de lo que harán y cómo vivirán. Esta forma de vida es transmitida a nuestros hijos y nietos. También, se creerán que son para siempre. La vida es muy corta, por lo que tenemos que vivir la vida de momento a momento. Cuando la vida se vive así, serás muy feliz. La vida se convierte en algo increíble, especial, porque te lleva hacia tu meta y tu objetivo es saber quién eres.

¿Cómo eliminamos las expectativas de amor?

Lo que sea que hayamos asumido, siempre cosechamos lo contrario. Las expectativas nunca se logran. Nunca los deseos serán satisfechos. Lo anhelado nunca se alcanza. Cuanto más deseas, más pierdes. Los deseos son como el cielo; no pueden alcanzarse. Cualquiera que sea la dimensión, la ley sigue siendo la misma. Si pides demasiado de cualquier cosa, eso mismo perderás. Si pides amor, el pedir mismo te vuelve desagradable y feo. Pedir crea una barrera. Nadie puede amarte si tu mismo lo pides. Si no pides nada, tu belleza aflora porque estás relajado.

Cuando alguien cierra el puño, piensa que posee el aire que está sosteniendo. Pero no se da cuenta que, cerrando el puño, el aire se filtra hacia fuera. Sólo una mano abierta contará con el amor. La gente continuará cerrando su puño más y más estrechamente, pensando estar en posesión del aire, pero sucede lo contrario. Es lo absurdo, un truco de la mente. Recuerda, si amas a alguien y eres posesivo, empiezas a cerrar. Sólo con la mano abierta puedes llegar a ser el amo del aire y de todo lo que ocurre. Con una mente abierta, puede florecer el amor. Tienes que aplicar esta ley a todo.

¿Cuál es el principio real para que una vida florezca? Entre más anheles en la vida, más esperarás y más perderás. A través de las expectativas se cosecha lo contrario de lo esperado. La expectativa te hace una persona muerta. Cualquier anhelo es venenoso para tu vida. Perderás tu vivacidad. Una persona como Mahavir o Buda con ningún deseo ni anhelo de vida vive una vida divina, y esa persona florece perfectamente en vivacidad.

Cuando Buda estaba muriendo, la gente le decía, "cuando hayas desaparecido vamos a extrañarte mucho." Buda respondió, "pero morí hace mucho tiempo". Cuando no sientes lujuria por la vida y no posees las cosas, tu mente no te jugará trucos. La mente se convierte en una mente no posesiva, que coopera contigo, y tú lograrás ver la realidad. Buda dijo, "Porque morí hace 40 años, es que estoy vivo hoy." Cuando una persona alcanza el conocimiento o la iluminación, vive. Cuando hayas alcanzado la divinidad y el miedo haya desaparecido completamente, no hay ninguna posesión. Te vuelves como una mano abierta y todo está en tu mano. Todo el aire, todas las posibilidades, toda la riqueza están allí. Eres natural y sin esfuerzo. Esta misma falta de esfuerzo te lleva a la vivacidad, la dicha eterna, el éxtasis y el amor. Si no quieres perder tu vida, deja tu mano abierta. Cuando existen todas las posibilidades, puede que alcances la iluminación, que una vez obtenida, nunca perderás.

¿Cuál es el verdadero significado del amor?

San Valentín fue un Santo en Italia que dio un hermoso mensaje sobre el amor. El amor no es dado o tomado; es realizado. Amar a alguien por sus buenas cualidades no es amor, porque si otra persona no posee esas cualidades, esa persona te disgustará. El amor no es real si quieres algo de una persona.

El amor sólo se realiza; es sutil, no visto ni olido.

La poesía que escribes sobre el amor no es amor. La gente piensa que el apego es amor. El amor nunca se rompe; no aumenta ni disminuye. En el *Bhakti Sutra*, Nardha dice, "el amor tiene que ser sin cualidades y sin deseos." Si el fundamento del amor tiene cualidades, esas cualidades pueden cambiar con el tiempo. Lo que pensabas que era amor habrá desaparecido como resultado. Cuando tus deseos se cumplen, ese amor será destruido porque estaba basado en deseos. Los deseos son como un veneno para el amor. Cuando una persona está llena de deseos, en vez de dar amor, ese amor se destruye.

Una vez entendido, en el amor no existe el quitar; sólo el dar. El amor real está entre la madera y el agua. El agua llevará a la madera a su superficie. No dejará a la madera hundirse ni ahogarse porque hay amor. El acero y el agua no tienen amor entre ellos. El acero se hundirá en el agua, porque no será soportado por ella. Pero si el acero se refugia en la madera, entonces el agua va a cargar al acero porque la madera es amiga del agua. Se trata de amor verdadero; no hay deseo. Una madre no tiene ningún deseo de parte de su bebé. Ella sólo da. Se trata de amor puro. Este amor permanece para siempre. Donde no hay ni deseos ni condiciones ese amor se expandirá y nos llevará más cerca de Dios. El amor es expansión total; no tiene límites.

¿Cuál es la verdadera belleza?

La sociedad mira la belleza como algo más que la belleza del universo. Para la sociedad, la belleza de una mujer reside en su maquillaje o en sus finos rasgos. Para el hombre, es su complexión musculosa o sus ropas atractivas. La belleza externa no tiene nada que ver con la verdadera belleza. La verdadera belleza es natural. Los pájaros que vuelan, el florecimiento de las flores, las mariposas, son hermosos en su estado natural. No muestran estrés. Los bebés son hermosos en su estado natural.

La verdadera belleza proviene de otro lugar. No se oculta en tu aspecto externo. En sánscrito, la belleza se expresa como *roop* y *rang*. *Rang* es color; puede variar. *Roop* es brillo. Si no hay *roop* en *rang*, color o características, no hay brillo. El brillo viene desde el interior, donde los pensamientos son muy puros y positivos. Aunque tu aspecto externo sea bueno, si tus pensamientos sobre ti no son positivos, no hay ninguna belleza. Hazte realmente hermoso; sé natural.

La gente se va a los extremos para lucir hermosa en el exterior. Usa maquillaje, se hace la cirugía plástica o cambia su color de piel. La verdadera belleza es como la belleza de un bebé, que es natural. El bebé está conectado con el centro original, el ombligo, y por eso es hermoso. A medida que el bebé crece, su respiración se mueve al pecho y los pulmones. Si puedes conectar con tu ombligo, puedes ser hermoso. Vuelve a conectarte con la forma en que naciste. Tu belleza florecerá. El brillo vendrá a tu piel. La verdadera belleza viene a través de tus buenos pensamientos como el amor, la compasión y otras buenas cualidades que posees. Puedes poseer buenas características externas, pero sin las interiores, no eres hermoso.

¿Está definido el número de respiraciones antes de nuestra muerte?

Según la religión jainista, el número de respiraciones es fijo *aayushya bal prana*. Los jainistas creen en diez *bal pranas*. Cuando el tiempo de vida se agota, se llama *aayushya bal prana*. Cuando termina la respiración, se llama *shvasoshvash bal prana*.

La mayoría de los yoguis creen que, si controlas tu respiración, vas a expandir tu vida. Eso es incorrecto. No se puede expandir el tiempo de vida; nuestro destino determina nuestra edad. Cuando Mahavir estaba listo para dejar su cuerpo, le dijeron que, si él podía extender su vida por cinco segundos más, creían astrológicamente que crearía el cielo en la tierra. Se negó, diciendo que él no podría extender su vida a pesar de ser una persona iluminada. Los yoguis no pueden hacerlo mediante el control de la respiración, y ni siquiera son iluminados.

Mi sugerencia es: vivir saludablemente y estar tranquilo con los años que tengas de vida. No creas que puedas ampliar tu vida por medio del control del número de respiraciones que tomes. Sólo fluye, respira y vive en paz.

¿Qué es la mente?

La mente es dispersa. A pesar de que la mente no tiene ninguna estructura, tiene un gran poder; por desgracia está demasiado disperso. Una mente enfocada puede ser como un canal artificial que llega hasta el océano. Dejada por sí sola, la mente es como un río que fluye en varias direcciones, y puede que nunca alcance el océano. Un canal es como concentrar toda la fuerza de la mente en una sola dirección. La mente es como un museo de espejos. Diferentes espejos reflejan imágenes diferentes de tu ser.

Debido a la mente, una persona usa muchas máscaras. La mente cambia de máscara con cada persona que se encuentra. Es como un camaleón que cambia su color según el ambiente. Por esta razón la llamamos personalidad humana, que viene de la palabra persona, una máscara.

Queremos ser *purusha: puri shete iti purusha*, lo que duerme en el cuerpo. Si la mente se enfoca en una dirección, puedes tener un poder de concentración intensa y puedes llegar a ser *purusha*. Pero nuestra mente es multidimensional.

Un fotógrafo publicó tres fotografías para su venta. Una por $5, otra por $10 y otra más por $25. El retrato de $5 era básico, el retrato de $10 era un poco mejor, y el retrato de $25 estaba bellamente trabajado. Todos querían el retrato mejorado. Un aldeano llegó a comprar el retrato de $5. El fotógrafo lo ridiculizó. Pero una persona tiene dos caras, una privada y otra pública. La cara privada es la cara original y la imagen pública es la cara duplicada. El rostro original se esconde detrás de la mente. La cara duplicada es como una cebolla; entre más la pelas, menos tienes. Allí no hay nada. Por esa razón no llegamos a ninguna parte. Somos como un tren que tiene dos máquinas, cada una va en dirección opuesta, por lo que no se puede mover el tren; no puede llegar a su destino. La mente es como el tren, una parte tira en una dirección y la otra en la dirección opuesta. Así que la gente se hace como el tren. Que no llega a ningún lugar. No llegan a *purusha*. Purusha significa alma. La gente tiene que pelar las capas de karma para alcanzar el alma, el verdadero rostro.

El poder de la mente es como concentrar la luz del sol en un mismo lugar. Llega a ser muy poderosa. Puede quemar el papel. La mente tiene un poder infinito que puede aprovecharse. Pero como es tan dispersa no tiene ningún poder. Eres muy afortunado al tener una mente desarrollada. La puedes utilizar como una herramienta y puedes lograr muchas cosas. Si se le da mal uso a la mente, se convierte en una maldición. Enfoca tu mente en la dirección correcta.

¿Qué es el cuerpo, la mente y la conexión del espíritu?

La mente es una ideología que cambia constantemente. Está ocupada todo el tiempo. Tienes que dejar de prestarle atención y sólo ser. Cuando la mente está silenciosa, se puede ir más allá de ella. Una vez en calma, la mente recupera su pureza y su fuerza. El pensamiento constante deteriora la mente. La mente es una bendición y una maldición al mismo tiempo. Su poder radica en su capacidad para hacer a una persona crecer espiritualmente o puede conducirla por el camino equivocado. Es una herramienta poderosa si sabes cómo usarla.

Elige tus habla sabiamente, pues tus palabras pueden hacer a todo el mundo tu amigo o pueden hacer a todo el mundo tu enemigo. Es un instrumento muy poderoso.

Sin el cuerpo humano, es muy difícil realizar al alma. Dios está oculto dentro de ti. Tirthankar Parsvanath, un antiguo maestro iluminado, descubrió los siete chakras en el cuerpo. Cuando estos chakras funcionan correctamente, puedes llegar a la divinidad. Piensa en tu cuerpo como templo de un Dios viviente. Tienes que purificar el cuerpo. Comer alimentos adecuados y comer con atención para que no trabaje de más tu sistema digestivo. Mastica la comida bien, para que tu cuerpo permanezca puro y divino. El cuerpo es el instrumento primordial, nacido antes de la mente. Aquellos que dicen que tienes que controlar tu mente están equivocados. El cuerpo es lo primero que una persona necesita vigilar y cuidar. La mente se desarrolla más tarde. Mahavir dijo: "Primero piensa en tu cuerpo." Haz tu cuerpo puro y vuélvete su amo. Lo que el cuerpo necesita lo pide. Si tu cuerpo siente hambre, te lo dejará saber. No comer por hábito; de lo contrario este instrumento será difícil de mantener en buen estado de salud.

Vigila tu cuerpo en primer lugar, seguido de la mente y después tu habla. Reúne estos instrumentos y crearás un mundo maravilloso para ti mismo. Esto te ayudará a alcanzar el más alto estado de conciencia. Haz que estos instrumentos trabajen juntos. Cuando domines estos tres instrumentos, serás libre.

¿Qué es la autocrítica?

Las personas tienen una tendencia a culpar a los otros. No se miran a sí mismos. Al hacer tal cosa, acumulan mucho karma, el cual los hace vagar en un mundo de sufrimiento.

Mírate a ti mismo primero. Cuando estés apuntando un dedo hacia otra persona, recuerda que tienes tres dedos apuntando hacia ti. Eres tres veces peor que la otra persona. Si tu mismo no eres perfecto, ¿cómo puedes culpar a los demás?

La propia imperfección hace que sea un error el señalar a otros. Una persona perfecta nunca culpará a los demás porque no ve ningún caso en culpar. Es inútil.

Hay una historia de una coladera hablando con una aguja. La coladera se reía de la aguja diciéndole lo malo que era. Señalaba el gran agujero, el "agujero del pecado", en el cuerpo de la aguja. La aguja se rió de la coladera y dijo, "te ríes de mi cuerpo, ¿ya viste el tuyo? Yo tengo un agujero, pero tú tienes cientos de agujeros".

La gente verá en los otros los más pequeños defectos, pero dejarán pasar por desapercibido los muchos propios que cada uno tiene. Recuerda que lo que ves con tus propios ojos podría no ser cierto. Así que ¿para qué preocuparse de los demás? No te hace una buena persona. Una buena persona siempre verá sus propios defectos. Si eres bueno, todo el mundo es bueno. Si eres malo, todo el mundo es malo. Culpar a otros es la manera más fácil de acumular karma. Nunca acabarás con tu karma. En el jainismo, una persona así, *abhavi*, nunca cruzará el océano del sufrimiento. Esta persona nunca alcanzará el *moksha*, la liberación. Tú quisieras ser más bien un *bhavi*, la persona que puede cruzar este océano de la miseria, alguien que puede llegar a la perfección.

El poeta Kabir dijo: "he intentado encontrar a una mala persona, pero no pude encontrar a nadie. Cuando me miré a mí mismo, encontré que yo era el peor".

No culpes a otros; mírate a ti mismo. Puede que estés lleno de defectos. Quienes pueden mirar a sus propios corazones realmente pueden crecer. Si quieres crecer espiritualmente, siempre mírate a ti mismo. Trabaja en ti mismo, porque tal vez encuentres que eres el peor. La crítica no es el camino. Esta costumbre cierra todas las puertas para alcanzar la realización personal.

MAESTROS ILUMINADOS

¿Es posible la paz en el mundo? (58)

¿Cuál es tu mensaje al mundo de hoy? (59)

¿Es tu enseñanza religión o filosofía? (60)

¿Hay alguna diferencia entre la no-violencia y el amor? (60)

¿Cómo comienza la iluminación? (61)

¿Existen algunos maestros iluminados disponibles en estos días? (63)

¿Los maestros iluminados promueven las escrituras? (65)

¿Debemos seguir a maestros muertos? (66)

¿Cómo podemos saber si el Gurú es real o iluminado? (67)

¿Cómo podemos distinguir a los verdaderos maestros de los falsos? (69)

¿Cuáles son tus intenciones al usar YouTube? (70)

Si no se puede decir la verdad, ¿por qué enseñan los maestros iluminados? (72)

¿Debemos sentirnos culpables por cambiar de maestros espirituales? (73)

¿Por qué poner esfuerzo en encontrar a un maestro si son tan escasos? (75)

¿Por qué vistes de blanco? (76)

¿Por qué la gente se vuelve en contra de un verdadero maestro espiritual? (77)

¿Cuáles son tus comentarios sobre los discípulos de maestros iluminados? (78)

¿Por qué debe uno buscar un maestro iluminado viviente? (80)

¿Cómo puede saber la gente que estás diciendo la verdad? ¿Por qué confiar en ti? (81)

¿Cómo respondes a las críticas? (82)

¿Cuál es el verdadero significado de la entrega total? (83)

MAESTROS ILUMINADOS

En los países del tercer mundo, los maestros no cuentan con el respeto que sostuvieron alguna vez. *Maestro iluminado* significa alguien que ha despertado, alguien realizado. Un maestro iluminado es alguien que ha logrado el dominio de sí mismo y tiene la capacidad de hacer que otros se hagan maestros también. Este mundo es hermoso, pero es una lástima que en la mayoría de los países del tercer mundo la palabra *maestro* significa simplemente un educador. El concepto de un maestro debe definirse mejor en esas sociedades. Es el maestro que reconstruye la sociedad, que logra la transformación en la sociedad. Es más lamentable que hoy haya sólo un puñado de maestros en la Tierra. El mundo solía estar lleno de maestros, miles de ellos a la vez.

Una persona se convierte en un maestro cuando su ego es totalmente disuelto, totalmente acabado. Si hay mente o sentidos presentes, éstos no le afectan a él o ella. No pesan sobre su alma. El alma, solamente, está al frente. Si una persona se convierte en su propio maestro, su alma se despierta y orienta los sentidos, la mente y el cuerpo. La mente o el cuerpo no dirigirán al alma. Un maestro puede despertar el corazón de otra persona. Cuando esto sucede, realmente comienzan a brotar espiritualmente.

Si nuestra sociedad tuviera unos pocos maestros más, este planeta sería totalmente diferente. Habría menos violencia, ira, frustración, combates y guerras. Cuando haya algunos maestros más en la tierra, sólo unos pocos, la armonía fluirá entre la gente. Sólo sucederá: total quietud, paz total en la sociedad.

Maestro significa simplemente un iluminado. En sánscrito, les llamamos un *Buda*. Solía haber muchos budas, pero ahora la gente cree que hubo sólo un Buda. Un maestro verdadero, no hace de nadie un esclavo. Imagina a un jefe que tiene miles de empleados, y los mantiene como empleados toda su vida. Él no hace jefe a ninguno de ellos. Él es como su amo, y ellos son como sus siervos. Es por esto que no es un verdadero jefe. Pero un maestro que hace que sus discípulos y estudiantes se vuelvan maestros, es un verdadero maestro. En esta Tierra, hacen falta verdaderamente maestros. Esto es muy lamentable.

¿Es posible la paz en el mundo?

Esa es realmente una pregunta impactante, ya que vivimos en este mundo, que ya es un desastre, y estamos tratando de crear la paz. Nunca es posible la paz mundial. Te puedo dar una simple fórmula sobre la paz mundial. Si eliminas todas las religiones del mundo, tienes la paz mundial. No hay religiones = paz mundial. La mejor forma de crear paz es acabar con todas las religiones. Si una persona es religiosa, la gente piensa que es una persona muy buena, pero sugiero que, si una persona puede llegar a ser una buena persona en la sociedad, ya es mejor que la persona religiosa. La paz en el mundo sólo es posible si todas las religiones se eliminan de la fórmula. Esta es una vía.

La otra vía para hacer posible la paz mundial es si todos los buscadores espirituales se unen y oran por el mundo juntos al mismo tiempo, supongamos a las 5 pm cada tarde. No importa de dónde sean, si cientos de miles de buscadores espirituales se sientan juntos y rezan, pueden cambiar la energía del mundo. Pueden crear tal energía positiva en el mundo que incluso el mal desaparecería. La religión desaparecerá y sólo la paz prevalecerá. Es la segunda forma de crear la paz mundial.

¿Cuál es tu mensaje al mundo de hoy?

Cada día, cada vez que despiertes, ignora tus pensamientos negativos. Hay dos opciones al despertar: puedes elegir ser infeliz durante todo el día o puedes elegir ser feliz todo el día. No importa lo que sientas, cuando te despiertes por la mañana, elige la felicidad. En cada situación, no importa cuánta infelicidad te rodee durante el día, habrás elegido la felicidad. El mensaje al mundo, que estoy dando es, siempre elegir la felicidad, elige siempre ser positivo, opta siempre por la paz en vez de la guerra, buscando siempre lo espiritual, no la religión, siempre elige cómo vivir contigo mismo pacíficamente. Si puedes vivir en paz contigo mismo, algo que no puede hacer la mayoría de las personas, automáticamente puedes crear paz en el mundo porque ya estás en paz. Otra persona no puede atacarte porque estás en paz. Así que en lugar de tratar de hacer que la otra persona sea pacífica, debes estar tú en paz.

Siempre le digo a la gente: no traten de cambiar a nadie. No llamen a su puerta diciendo: "este es el libro, ¿quieres leerlo?" No toquen el timbre de nadie, ya que podrían estar perturbándolos. Podrían estar incluso ya en meditación. Podrían ya ser pacíficos. Cuanto más intentes cambiar o convertir a la gente a tus propias creencias, más perturbación estarás creando en el mundo. Sugiero que comiences contigo mismo. Mantente en paz y la paz te traerá mucho placer y alegría en tu vida, tanta que en el mundo nunca habrá ya lucha o guerra. Nunca odiaremos, y amaremos todo en el mundo. Ama a todos los seres vivos de este mundo. Esta es la manera de ser en el mundo. Es la manera de ser un buscador real en el mundo y para ayudar al mundo a estar en paz, también.

¿Es tu enseñanza religión o filosofía?

No enseño ninguna de las dos. ¿Cómo podría enseñar religión si consideras que a lo largo de la historia la mayoría de las guerras comenzaron a causa de la religión? La religión te coloca en una casilla, y los que están en ella piensan que su religión es la religión correcta. Y consideran a las otras religiones inferiores.

No enseño filosofía, porque la filosofía se basa en la lógica y los argumentos. La lógica no funciona con mi enseñanza. Mi enseñanza es encontrar donde se esconde el verdadero ser y cómo descubrirlo. El verdadero ser se esconde dentro de ti, y mi enseñanza es sobre el fenómeno interno. Encontrar el alma es un viaje hacia atrás, no un viaje hacia adelante. Esta enseñanza no tiene ningún camino ni etapas determinadas. Es lo desconocido. Tienes que saltar hacia lo desconocido, si realmente quieres aprender.

¿Hay alguna diferencia entre la no-violencia y el amor?

La gente está confundida acerca de la no-violencia. Consideran que no-violencia es abstenerse de matar seres humanos o animales. En cuanto al amor, ha sido reducido al amor de la familia, amigos o cosas materiales como dinero o posesiones.

La no-violencia es un concepto muy mal entendido. La esencia de la no-violencia es cuando una persona no tiene pensamientos negativos sobre los demás. La no-violencia es el sentimiento de unidad con cada ser vivo, como una madre se siente con su hijo. La no-violencia es el mejor principio a entender para expandir el propio ser. Sentir la unidad con cada ser vivo es el verdadero aprendizaje. Y si expandes este sentimiento cada vez más y más, te vuelves *virhat* o un Expandido, también conocido como Dios. Considérate a ti mismo como una madre, con una sensación de unidad con su niño, y comienza a sentir esto hacia pequeñas bacterias y expandirlo a insectos, animales, plantas, seres humanos, planetas, el Sol, la Luna, las galaxias y más allá. Cuando hayas logrado esta unidad en tu propio ser, no habrá ninguna diferencia entre tú y Dios.

El amor te conecta con otra persona. El amor no pide ser amado. Sólo fluye. No hay ninguna diferencia entre el amor y la no-violencia. En el cristianismo, esta conexión se llama amor. En el pensamiento oriental, se llama no-violencia. Son dos expresiones de lo mismo: la unidad con todos los seres vivos.

¿Cómo comienza la iluminación?

Es un reto importante lograr el equilibrio en la vida. Contamos con emociones fuertes, nos enfrentamos a problemas todos los días, y hay corrupción y confusión en la sociedad. Existen divisiones religiosas y políticas. Injusticia, pobreza y penas están a nuestro alrededor. No sabemos cómo mantener el equilibrio. Una sola palabra puede hacer que una persona pierda su equilibrio. Resistimos y la resistencia trabaja en contradicción con el equilibrio.

Nuestras emociones siempre están flotando en la superficie y en nuestras mentes. Es importante entenderlas porque la comprensión trae equilibrio. Pero esta comprensión tiene que ser correcta.

Entre mayores sean las emociones, mayores serán la ondas y mareas. Los niños lanzan piedras en un lago. Ven ondulaciones y siguen lanzando piedras porque éstas crean una reacción en el agua, pero donde hay reacción, hay más sufrimiento. El lago sufre. Se interrumpe su paz. Si los niños lanzan piedras en el lodo, no hay ninguna reacción del barro, así que dejen de lanzarlas. Donde hay una reacción, hay desequilibrio.

Un estado equilibrado es cuando no reaccionas a elogios o críticas. La gente quiere saber qué es la iluminación. Cuando la vida está equilibrada, la iluminación comienza y termina la ignorancia. Lao Tzu, el sabio de China, recibió la oferta de parte del rey para vivir en su palacio, en un alojamiento de lujo. Lao Tzu, que estaba acostado junto a un lago lodoso, preguntó a los hombres del rey, "¿ven las tortugas en este lago? Si tomas esta tortuga y la ponen en una silla de oro en el Palacio, ¿creen que será feliz? Ella es feliz en el lodo". Dijo: "yo soy como esta tortuga. Estoy feliz en la naturaleza." Lao Tzu también enseñó que no debemos reaccionar en ninguna situación, porque cuando reaccionamos, estamos ya física y mentalmente disminuidos. Ya no somos nuestros propios maestros. Si no eres el maestro de ti mismo, no vas a ser un iluminado. Sé tu propio maestro. Hagas lo que hagas, hazlo con conciencia. Al levantar una copa de vino para beber, eres dueño de ti mismo, pero después de beber el vino, ya no serás tu propio amo. Si no eres tu propio amo, reinará la ignorancia y el desequilibrio.

Cuando termina el desequilibrio, termina la ignorancia y comienza la iluminación. Permanece igual en situaciones difíciles o fáciles, frente a la crítica o la alabanza. Cuando una persona hace esto, se está moviendo hacia la iluminación. Haz tu vida una flor de loto que no se ve afectada por las ondas de ira o ego y alcanzarás la iluminación un día.

¿Existen algunos maestros iluminados disponibles en estos días?

A este mundo nunca le faltan los maestros. Pero en este planeta, los maestros pueden contarse con una sola mano. La primera señal de un verdadero maestro es que hay sólo unos pocos discípulos a su alrededor. Jesús tenía sólo doce discípulos. No hay ninguna multitud alrededor de un maestro verdadero, sino sólo unos pocos discípulos.

Un verdadero maestro no vive de manera conspicua. Vive naturalmente. Lao Tzu no fue conocido en absoluto durante su vida, y fue la persona más sabia en China. Vivió como un monje. Él dijo: "Si quitas una tortuga de un estanque y la sientas en una silla de oro, esa tortuga ¿será feliz allí? Los maestros no son felices en sillas de oro. Están felices en la naturaleza". Otros maestros o sacerdotes pueden tener miles de seguidores. Los maestros no están aquí para cautivar. Están aquí para iluminar tu corazón y tu ser.

¿Cómo encontramos a los verdaderos maestros? Es a través de sus discípulos. Ellos son los que los descubren. La mayoría de los maestros sólo son apreciados después de su muerte, como Jesús, Lao Tzu, Sócrates y Gurdjieff. Existen maestros vivos disponibles. Es fácil comunicarse con ellos, porque están aquí en forma física.

Para comprender las enseñanzas de un maestro, existen cinco factores. Estar en la presencia física de un maestro es ser capaces de tocar, sentir, oler, ver y escucharlo. Comprender significa que debes beber las enseñanzas del maestro. Necesitas descubrirlas. El concepto global de iluminación o sabiduría puede ser entendido por medio de la presencia física del maestro.

La mente occidental es una enfocada en la búsqueda y el descubrimiento de la verdad. Debido a esto, la gente en occidente encontrará la verdad. Todo el mundo actual es como una gran familia gracias a la tecnología. Debido a la atmósfera espiritual en la India, las personas ahí tienen dificultad para descubrir la verdad. Pueden disfrutarla porque está ahí, y las personas en la India fueron afortunadas de haber nacido allí. Sin embargo, hoy en día, la mente india no es una mente descubridora. La mente descubridora está en el interior del discípulo y el discípulo encontrará al maestro.

Según la religión jainista, hay un mínimo de veinte y un máximo de

170 *Tirthankars* a lo largo de todo el universo en un momento dado. Los Tirthankars son iluminados con cuerpos especiales, como súper humanos. Trata de descubrir a un maestro. Podría llamar a tu puerta para despertarte.

¿Los maestros iluminados promueven escrituras?

En el Oriente, se cree que sin un gurú no hay conocimiento. Esta idea es equivocada. Los verdaderos maestros no promueven las escrituras. Las escrituras son para todos, y el conocimiento contenido en las escrituras es genérico y a veces contienen no verdades. Las escrituras no pueden enseñar al individuo, porque no conocen la individualidad de las personas. Sólo el maestro iluminado vivo puede entender al individuo y responder a sus necesidades únicas para el aprendizaje espiritual. La mayoría de las religiones se apegan a sus escrituras y esa es la razón por la que no hay una sola persona iluminada en ninguna religión o un producto de la religión en el mundo. La iluminación no tiene nada que ver con las escrituras ni la religión.

Los maestros conocen y pueden entender al individuo. Por esta razón es que no hay conocimiento sin un maestro. El verdadero significado de esto es que no puede haber *autoconocimiento* sin un maestro. El conocimiento de los libros se puede obtener, pero es un conocimiento prestado. El conocimiento prestado puede hacer que una sea persona buena, pero no puede abrir la puerta al alma o producir la iluminación. El maestro sí puede. El maestro hará que el buscador de la verdad detenga su recopilación de información. Entre más conocimiento se recoge, más carga y contaminación con la que se llenará la persona. Sin embargo, a pesar de los conocimientos adquiridos, todavía se consideran indirectos; por lo tanto, no llevan a nadie a la realización personal.

Busca a un maestro, busca el conocimiento de tu ser y serás llevado hacia la iluminación.

¿Debemos seguir a maestros muertos?

Los buscadores espirituales se confunden con este concepto. Es fácil estar con un maestro muerto, ya que no reaccionan contigo. Es una práctica común en la India adorar a maestros muertos. Es fácil para la gente adorar a Dios, porque Dios no posee un cuerpo. Muchos maestros iluminados, como Mahavir, Buda y Lao Tzu, ya no tienen un cuerpo físico, cuerpo; por lo tanto, muchos buscadores espirituales encuentran fácil estar con ellos. No importa cuánto los llenemos de oraciones, ellos no reaccionarán ante uno.

Por el contrario, es muy difícil estar con un maestro vivo porque ellos reaccionan a cada uno de tus errores y te hacen consciente de ellos. A nadie le gusta experimentar eso, pero un maestro vivo te vigila constantemente y te corrige. Busca elevarte, desplegar tu conciencia y ayudarte a aplastar a tu ego.

Todo el mundo oriental se aferra a los maestros muertos porque los maestros vivos son demasiado difíciles de localizar. Los maestros vivos siempre son criticados porque dicen la amarga verdad. A lo largo de la historia, los maestros vivos fueron perseguidos y asesinados. Una vez que están muertos, son adorados por millones de personas. Mira al pasado a maestros como Mahavir, Buda y Jesús, y cuántos seguidores tienen hoy. Los maestros muertos no reaccionan ya. ¡Es fácil seguirlos!

El aprendizaje debe llevarse a cabo a través del maestro en vida porque quiere enseñarte por tu propio bien. Un maestro en vida tiene cinco cualidades: pueden ser vistos, olidos y oídos, y puede sentirse su presencia, y pueden ser absorbidos completamente porque están en tu presencia. Los maestros muertos tienen buenas enseñanzas, pero carecen de estas cualidades. A menos que se haya conocido personalmente a un maestro que ha fallecido, no se puede aprender de un maestro difunto. Aunque encuentres dificultades, aprender del maestro vivo es más beneficioso para ti.

¿Cómo podemos saber si el gurú es real o iluminado?

Esta pregunta se ha planteado desde hace siglos por parte de los discípulos. Si la hace un discípulo, significa algo. Si los estudiantes postulan esta pregunta, no significa nada. Los estudiantes pueden ser simplemente seguidores. Los discípulos son reales. Una cosa que te digo es que hay muchos discípulos en este mundo, pero se carece de maestros porque hay muchos falsos gurús. Ve a la India y verás a muchos *sadhus* fraudulentos a los que la gente considera gurús y maestros espirituales. Fuman, beben, son adictos a las drogas y las personas *aun así* se inclinan ante ellos. Sin embargo, se consideran sadhus. ¿Sabes qué significa *sadhu*? Un *sadhu* es una persona que está siempre en el sendero espiritual. Pero los *sadhus* de hoy a menudo están en el camino de las drogas. Es muy difícil reconocer a un verdadero gurú.

Lo primero que tienes que ver es si los ojos de la persona son inocentes, infantiles, como de un recién nacido. Te sorprenderás si te fijas en sus ojos; no verás nada excepto la inexpresividad o la nada. Sus ojos están en blanco y vacíos. Esta es la primera señal. El segundo signo es que el gurú no demanda que sus discípulos usen su imagen alrededor de su cuello o cuentas *rudraksha*. Al usar la imagen del gurú, los seguidores piensan que se conectarán a su maestro. Un maestro verdadero no se preocupa por esto. ¿Para qué la imagen de un maestro auténtico tendría que colgar alrededor de tu cuello? Esto es como tener siempre un cuchillo o una espada o un arma colgando de tu cuello. Este es el camino equivocado. Estos gurús son falsos gurús sin valor alguno. Los verdaderos maestros como Buda y Mahavir nunca pidieron a la gente que colgaran sus fotos en sus cuellos para ser sus discípulos. Esta es la segunda manera de distinguir entre un gurú verdadero y uno falso.

El gurú real no enseña religión. Los maestros religiosos son los más peligrosos en la tierra. Mantente alejado de ellos. Te lavarán el cerebro, te convertirán, y serás una oveja de su rebaño. Los escucharás, y si se te ocurre decirles algo malo, te maldecirán y crearán temor en tu mente. No son verdaderos maestros. No son gurús. *Gurú*, *gu* y *ru*, son dos palabras. *Gu* es *oscuridad* y *ru* significa *destruir*. Por lo que el gurú es una persona que ha destruido su propia oscuridad, su propia ignorancia, engaño, apego y todas las cualidades negativas y básicas. Primero han destruido la suya propia, y luego ayudan a los otros a destruir su oscuridad. Ese es el gurú real. Quien destruye la oscuridad de la ignorancia es una persona muy equilibrada. Ellos ya lograron la auto-realización. Pueden permanecer siendo ellos mismos, y sin ser afectados en ninguna situación, ya sea una situación de violencia o de paz. No son afectados por ninguna cosa. La persona que se ve afectada por la ira, el odio, la riqueza, o por el deseo de que un millón de personas lo siga, esa persona es un fraude.

Alguien me preguntó "¿cuántos gurús reales existen en el mundo?" Mi respuesta fue, "puedes contarlos; no son miles, sino sólo unos pocos." A este mundo le faltan auténticos gurús y maestros, pero hay muchos discípulos en este mundo. Están listos para florecer, pero no parecen encontrar a un gurú. Los falsos sadhus, sin embargo, son fáciles de encontrar. Los maestros religiosos se encuentran fácilmente. Los maestros religiosos colocan a las personas en casillas. Hace tiempo la gente espiritual tenía una visión más amplia, pero ahora han se encasillan. En vez de florecer, se encogerán. Se harán más pequeños y más pequeños debido a estos falsos maestros y maestros religiosos. El gurú no enseña religión. Tienes que saber por ti mismo quien es el verdadero gurú. Se puede conocer al verdadero maestro de esta manera: el o ella nunca dirá que es un gurú real.

¿Cómo podemos distinguir verdaderos maestros de los falsos?

En apariencia, los swamis se parecen y visten igual. Pero las túnicas no hacen un swami o una persona iluminada. Es muy difícil demostrar que una persona es iluminada. El maestro iluminado no dice que es iluminado. También es confuso para la gente porque las enseñanzas parecen similares: amor, no violencia, paz, armonía y prosperidad.

Cuando un maestro iluminado pasa al lado de los animales, o si la gente viene a visitar a un maestro iluminado, sentirán paz. Un maestro iluminado traerá prosperidad a la zona donde reside pues se disminuyen los efectos negativos de los desastres naturales. Estas son señales de un maestro iluminado.

Un maestro iluminado no obliga a la gente a hacer cosas. Enseña la manera correcta de hacer las cosas. Los maestros iluminados no necesitan libros. Los libros sólo proporcionan orientaciones generales. Para un maestro iluminado, todas las cosas llegan solas porque el alma tiene infinito poder y saber. No necesitan leer lo que está en los libros. Los libros tienen cierto valor para la sociedad, pero un maestro está más allá de ellos.

Con un maestro iluminado, un estudiante o discípulo reacciona. Los falsos maestros no te dejan reaccionar. Te dominan. Un maestro iluminado jugará con los niños. Se sienta en la tierra. Otros gurús van a descansar sólo en sillas de oro. Sus egos están inflados. Reaccionan ante la gente con ira. Así que es obvio que no han sido capaces de soltar su enojo. Un iluminado se ha convertido en un ser auto-realizado. La gente crecerá enormemente en su presencia.

¿Cuáles son sus intenciones al usar YouTube?

Desde la infancia, he pensado que la ciencia es una bendición para la sociedad. Al mismo tiempo, creo que también es una maldición. Esta tecnología particular de YouTube es una bendición y una maldición. Yo estoy a favor de la ciencia porque uno puede utilizarla para buenos propósitos. Puede llegar a personas de todo el mundo sin necesidad de viajar de un lugar a otro. YouTube es la mejor manera de difundir el mensaje. Uno no cuenta con estar cientos de años en la Tierra para llegar a todos sus rincones.

Uso YouTube para llegar a las personas espirituales en todos los países, especialmente aquellos que son pobres o están enfermos y no tienen los medios para llegar a un maestro. Yo transmito mi enseñanza a través de YouTube porque veo que hay personas espirituales en todas partes y no hay un maestro iluminado vivo para enseñarles. YouTube es la mejor manera de llegar a personas en lugares remotos.

YouTube puede llegar también a gente fanática y puede cambiarlos. Dentro de la religión Sikh, hay política mezclada con las enseñanzas y eso destruye la pureza, *khalsa*, de la religión. Yo critico aquello que diluye la pureza en las religiones, no las religiones en sí mismas. Muy pocos tienen el valor de criticar las malas tradiciones que bloquean nuestro crecimiento espiritual. En el budismo, contamos con el Dalai Lama, quien es un rey y un monje. ¿Cómo puedes ser los dos en una persona? Un rey no puede ser un monje, debido a la política. Los monjes pueden ser gobernantes pero solamente de sí mismos. Un monje no puede ser un rey. Este es un ejemplo de cómo es necesario aclarar conceptos erróneos.

Mi objetivo es llegar a quienes están listos para florecer, y en segundo lugar estoy aquí para criticar las malas tradiciones en todas las religiones. La religión en su estado puro no producirá fanatismo, que es un gran peligro en el mundo. No busco la fama, sólo enseñar a aquellos que quieren aprender. Mi intención pura es dar pautas para el crecimiento espiritual.

Si la verdad no puede ser dicha ¿por qué enseñan los Maestros iluminados?

Lao Tzu dijo, "El Tao no es el Tao que se puede decir". Es difícil de decir la verdad absoluta. El idioma es una barrera para la verdad. No podemos decir por medio del lenguaje lo que experimentamos, nos damos cuenta o sabemos. No hay palabras para expresarlo. Por ejemplo, una manzana, una guayaba o un caramelo tienen sabor dulce. Pero la dulzura de cada cosa varía. Es imposible expresar la diferencia de dulzura en palabras.

Puesto que el lenguaje es tan incompleto, algunos maestros iluminados deciden permanecer en silencio. La gente puede aprender de su silencio. Mahavir nunca habló, pero el pueblo entendió lo que quiso decir por medio de su silencio. El silencio es un estado donde estás más allá de las emociones, pensamientos, ira o ego. Tu ser está tranquilo y en silencio. Los iluminados guían a otras personas para que se beneficien. Trabajan con personas individualmente. A los maestros se les tiene que sentir en presencia de individuos. Aunque no hablen, las personas pueden aprender de sus acciones. Por compasión para la gente, un maestro habla por medio de su autoconocimiento. Siguiendo sus directrices, un individuo puede practicar y aprender.

El movimiento de un maestro, su sonrisa o su pacífica manera de beber té dice algo a la persona frente a él. Esa persona tiene que estar en equilibrio con el fin de comprender las enseñanzas. Cuando una persona no consigue entender por medio de la presencia del maestro, entonces el maestro habla por compasión. Una palabra puede tocar el corazón de la persona. Si hay una mala tradición en la sociedad, un maestro iluminado no tiene miedo a hablar. Los falsos maestros muestran vacilación. Un maestro iluminado dirá la verdad y advertirá a la gente para que no caigan en las tradiciones. Una persona necesita ser despertada, hacerse fuerte y estar en el camino espiritual. El camino espiritual se encuentra dentro de nosotros y es descubierto cerrando los ojos. Es un camino interior y una luz interior que es pacífica. El maestro iluminado intenta impactar al estudiante, para que así pueda desplegar los miles de millones de verdades que se encuentra en el interior del alma. Todos los misterios se despliegan una vez que esto sucede y la persona crecerá enormemente como resultado.

¿Debemos sentirnos culpables por cambiar de maestros espirituales?

Nunca se debe sentir culpa sobre el cambio de maestro. Los buscadores tienen derecho a ir de un maestro a otro, hasta que encuentren el adecuado para ellos. Hay muchos falsos maestros. Un buscador debe encontrar a un maestro, experimentar sus enseñanzas y descubrir quién es el maestro correcto. Buda hizo este camino. Fue iniciado en la tradición jainista y fue de allí a otras. Finalmente, después de seis años y muchos maestros, descubrió que nadie podría ayudarle a menos que él se ayudara a sí mismo. Esto lo puso en el camino correcto.

Un maestro está aquí para mostrarte el camino y te dará la pauta a seguir. Un maestro es como un dedo que señala a la luna. Pero los estudiantes, en vez de mirar a la Luna, se centran en el dedo, el maestro. Un maestro sólo está mostrando el camino y si no recorres el camino no llegarás a tu destino. Nunca sientas culpa sobre el cambio de maestros si encuentras al debido en tu búsqueda. La amarga verdad es que la culpa es el pecado más grande; cuando te sientes culpable, eres un pecador. No debes sentir culpa por tu intento de encontrar a un verdadero maestro. Es difícil encontrarlos porque no son visibles o bien conocidos. Los falsos maestros tienen mucha fama y tienen muchos seguidores que son como ovejas. Estos seguidores no hacer preguntas ni analizan lo que se les presenta. Esto significa que no quieren encontrar la verdad. Si eres un verdadero buscador, vas a encontrar al maestro correcto. Este maestro no te dirá que él es el real: simplemente lo *sabrás*.

En la mitología griega, una diosa anunció que Sócrates era la persona más sabia en la tierra. Ella animó a la gente ir a aprender de él. Cuando llegaron, dijo, "Yo no soy sabio". Regresaron a la diosa y ella dijo, "el que dice que no es sabio, es un sabio". Tienes que comer, beber y experimentar al maestro. Tienes que sentir con tu alma y absorber al maestro. Entonces te encontrarás en el camino. Conocerás al maestro cuando lo hayas digerido completamente.

Los verdaderos maestros no son bien conocidos. Buda no tenía muchos seguidores. Jesús tenía sólo doce y Mahavir no fue conocido durante su vida. Aquellos que eran bien conocidos, ahora han sido olvidados porque no eran genuinos.

Sabrás que el maestro real te hará un maestro, pues es su deber. Los falsos maestros quieren que seas su seguidor, de forma que puedas apoyarlos con lujos. Si estás cambiando a este tipo de maestros, no debes sentir culpa alguna. Buda buscó hasta que encontró uno que le hizo Buda. Si quieres ser un Buda, no tienes que sentir culpa. Sé positivo de que encontrarás al maestro, incluso si ese maestro es desconocido o no bien versado. Puede que no tenga muchas palabras que darte. Sólo debes saber que existen unos cuantos que pueden encontrarse.

¿Por qué poner esfuerzo en encontrar a un maestro si son tan escasos?

Encontrar a un maestro vivo no es tan difícil. Cuando la gente sabe acerca de ellos y tiene los medios para viajar, deben de encontrar al maestro. Puesto que todos tenemos dinero, no es realmente ninguna excusa el no viajar para encontrarlo. ¿Es más importante el dinero que un maestro vivo? La gente puede trabajar y ganar dinero para viajar. También hay otras maneras, como a través de la internet y las llamadas de larga distancia de bajo costo. Pon esfuerzo. Lee sus libros, mira sus videos y luego plantéale preguntas si hay algo que no entiendes. Estos pueden ser medios de acercamientos, y en cuanto puedas aprovecha la oportunidad de reunirte con el. Averigua si está visitando tu país y haz todo lo posible por acudir a conocerlos. En estos días, hay facilidad para viajar y la tecnología ha desarrollado otros medios para que las personas estén en contacto. Hoy en día, la Tierra es pequeña. Usa la tecnología y después de eso, intenta reunirte con el maestro personalmente porque el maestro vivo te sugerirá lo que tienes que hacer.

Un verdadero buscador se esforzará para encontrar a un maestro vivo. El césped no crece solo. Tienes que darle agua y alimento. No esperes que se te dé la comida en la boca. Aprender de las aves. Despiertan temprano y buscan todo el día su alimento. Trabajan duro. Si pones esfuerzo en encontrarte con el maestro vivo, será tu buena suerte y buena fortuna.

¿Por qué vistes de blanco?

Los colores afectan tu vida. Diversos países y regiones asignan atributos diferentes a los colores. En la moda de los Estados Unidos, el negro es un signo de poder. En la India, es lo contrario. Estas ideas son obra del hombre, pero el color nos afecta de todas maneras. Si usas ropas rojas, aumentará tu energía. Si estás deprimido, viste de blanco porque trae paz. Si quieres atraer dinero, usa negro o verde. Usa esmeraldas montadas en oro y atraerás dinero. Pero esto, sin embargo, no es suficiente. Tienes que esforzarte para crear dinero. El color atrae y cura muchas cosas. El mejor color para la paz es el blanco. Por esta razón he escogido este color. Es calmante y simbólico. Trae paz al mundo.

Quiero traer paz, verdad y luz al mundo. Las personas tienen derecho a saber la verdad acerca de Dios y también sobre sí mismos. Elige aprender de la manera correcta para estar siempre en paz. Un día, puede que tú también optes por vestir de color blanco.

¿Por qué la gente se vuelve en contra del verdadero maestro espiritual?

Eludimos a un buscador de la verdad, porque nos habla o enseña la verdad. Es la naturaleza humana. La naturaleza humana no quiere oír la verdad. Cuando uno trata de decir la verdad, otros desearán crucificarlos. Por esta razón le dieron veneno a Sócrates. Sócrates estaba tratando de transmitir la verdad diciendo, "Nunca moriré. Mi cuerpo muere, mi alma es inmortal. Yo soy inmortal". Tan pronto reveló ese mensaje, le administraron veneno. Meera, en la India, comenzó a compartir una verdad importante bailando, y ella fue envenenada también. No es de extrañar que Mahavir fuera lapidado. No es de asombrarse de que el principal discípulo de Buda haya intentado matarlo: porque Buda estaba tratando de decir la verdad. Tan pronto como Jesús abrió la boca para decir la verdad, no pasaron más de dos años antes de que lo crucificaran, mientras Mahavir, Buda y Sócrates sobrevivieron durante más de 30 años. Es la naturaleza humana.

No queremos saber la verdad. Por esta razón los maestros son asesinados, pero la gente no sabe las consecuencias de crucificarlos. Tuvimos una gran pérdida después de envenenar a Sócrates, lapidar a Mahavir y crucificar a Jesús. Jesús traía sabiduría, pero esa sabiduría se perdió. Sus enseñanzas se redujeron a un pequeño libro llamado el Nuevo Testamento. Todas las enseñanzas y la sabiduría de Jesús habrían sido protegidas si no hubiese sido crucificado. Habríamos tenido muchos volúmenes de sus enseñanzas, enseñanzas reales. Habríamos sido bendecidos.

Llega a ser peligroso, sin embargo, tener sólo un libro. Todas las palabras del libro se toman literalmente y se convierte como en una Constitución, y si alguien se vuelve contra esas palabras otros lo matan o se vuelven contra él. Es lamentable que esto ha sucedido en la historia. Mahavir sobrevivió y tenemos volúmenes de sus enseñanzas. Buda sobrevivió y también tenemos volúmenes de sus enseñanzas. Las personas no pelean sobre sus libros. Los budistas y los jainistas no pelean porque hay muchos libros para leer, no sólo uno. Esas religiones que tienen sólo un libro parecen ser muy agresivas como el islam que tiene el Corán, o el cristianismo que tiene la Biblia. El cristianismo quiere convertir el mundo entero, y también lo hace el islam. Qué lamentable que la gente haya perdido la sabiduría de Jesús.

Un libro no es suficiente para todo el universo. Podíamos haber tenido volúmenes, pero tenemos que sufrir por esa pérdida porque hemos crucificado a los maestros, los hemos matado o envenenado. Ese es nuestro error. No queremos repetir los errores una y otra vez. Respeta al maestro vivo y honra sus mensajes de verdad y nuestro mundo obtendrá más beneficios.

¿Cuáles son sus comentarios sobre los discípulos de maestros iluminados?

La palabra discípulo en sánscrito es *shishya*. Significa "uno que está listo a brotar". Esta analogía proviene de la agricultura, donde un granjero ha trabajado su tierra y la tierra está lista para el cultivo. El discípulo verdadero es muy difícil de encontrar entre los muchos que existen en el mundo.

Una de las estudiantes del Buda, la Reina, solía decirle al rey, "Buda está aquí, vayamos a visitarlo." Pero durante muchos años el rey se negó. Un día ella fue capaz de inspirarle para ir. El rey quería llevar un regalo a Buda y decidió tomar preciosos diamantes. La reina le dijo que Buda no los aceptaría. Entonces el rey pensó en flores. Pero llevó los diamantes también. Viajó con su séquito completo para visitar a Buda. Se inclinó delante de él y ofreció los diamantes. Buda dijo, "suéltalo". Luego le ofrecieron flores y otra vez Buda dijo, "suéltalo". El rey entonces se inclinó a Buda una tercera vez con las manos vacías y otra vez Buda dijo, "suéltalo." El rey pensó, "mis manos están vacías; No tengo nada que soltar. Es sólo una persona loca". Estaba listo para salir cuando Ananda, uno de los principales discípulos de Buda le preguntó si entendía lo que Buda estaba diciendo. Explicó al rey que Buda no le importaba los diamantes ni las flores, que él estaba pidiendo al rey que dejara caer su ego. Ananda dijo: "Mira cómo viniste a verlo con todo tu séquito y regalos para demostrar lo poderoso que eres". El rey sintió tanta humildad por estas palabras que se postró a los pies de Buda y no se podía ni levantar del suelo. Buda lo inició justo después de eso y el rey se convirtió en un monje.

Cualquiera puede ser un discípulo si está listo. No hay ninguna otra condición. El maestro lo sabrá. No necesitas tener grados o estar en el sacerdocio para ser un discípulo. Los que lo hacen están muy lejos de la verdad. Los discípulos no traen diamantes al maestro; sólo aquellos que son ignorantes lo hacen. Los maestros que aceptan regalos no son verdaderos maestros. El maestro verdadero necesita sólo la rendición del ego del discípulo. Es el mejor regalo. La relación del discípulo y el maestro es el mejor tipo de relación porque el discípulo y el maestro se conocen mutuamente sin tener que pronunciar palabras. A veces el propio maestro buscará el discípulo. Uno podría llamar a tu puerta y despertarte en cualquier momento. El verdadero discípulo es el buscador de la verdad.

¿Por qué debe uno buscar un maestro iluminado vivo?

Las personas necesitan orientación. Existen muchos libros y videos, pero la forma en que un maestro iluminado trabaja con alguien es insuperable. Los libros y videos carecen de esa presencia que un maestro iluminado proporciona incluso cuando uno se sienta con ellos en silencio. Uno puede ver, oír, tocar y experimentar a los maestros. Los maestros iluminados incluso tienen una fragancia que uno puede oler. Aquellos que adoran los libros están igual que las otras personas religiosas que consideran que los libros son su maestro.

Si has estado con un maestro iluminado, lo has escuchado y has entendido sus enseñanzas, entonces los libros pueden comunicarse contigo. Buscar a un maestro iluminado es muy importante porque un maestro hará también de ti un maestro. Quieren hacerte su igual. El día que un discípulo ya no es un discípulo es el día más feliz para un maestro. El maestro está ahí para inspirar a la gente a despertar. La presencia del maestro inspirará al buscador real. El maestro sabe a quién despertar. No necesitan una multitud. Necesitan personas reales que estén listas para echar botones y florecer. Éste es el papel del maestro.

Sin encontrar a un maestro puedes desarrollar ciertas buenas cualidades, pero esto no significa que despertarás. El maestro te ayudará en el momento oportuno. Saben cómo despertarte de tu sueño profundo. Saben las palabras o expresiones para despertarte. En este momento, hay sólo un puñado de maestros iluminados que pueden encontrarse en la Tierra.

Una de las más antiguas religiones, la religión jainista, dice la verdad acerca de los maestros iluminados en este aspecto. Dice que, en un momento dado, por lo menos hay veinte *Tirthankars*, que son maestros iluminados con un cuerpo especial, disponible en el universo. En cuanto conoces a un maestro iluminado vivo algo va a suceder dentro de ti. Todo tu ser comenzará a despertar como si alguien te estuviera martillando. Sentirás todo tu ser empezando a florecer y estarás ya en el camino espiritual. Encuentra a un maestro iluminado vivo para comenzar tu viaje. Necesitas encontrar al maestro cara a cara. No seas perezoso. Haz uso de tu vida. ¿Quieres ser un maestro? Entonces encuentra a un maestro.

¿Cómo saben las personas que estás diciendo la verdad? ¿Por qué confiar en ti?

Nadie puede confiar en nadie. Es necesario confiar en ti mismo. Al generar esa confianza en ti mismo, confiarás en mí. Cuando se carece de su confianza en uno mismo, no podemos confiar en nadie, ni siquiera si

Dios aparece delante de ti. Todo el mundo sabe la verdad; basta con construir un 100% de confianza en ti mismo. La verdad se pierda debido a la falta de confianza en uno mismo. Por ejemplo, puede que estés pensando en un amigo, y de repente tu amigo aparece en tu puerta, pero en realidad no confiaste en tu intuición. La confianza viene de dentro de ti. Empieza a construir tu confianza a través de estos incidentes. Toma conciencia de tu intuición. Tu confianza en ti se traducirá en confianza en mí. Hasta el día en que desarrolles tu propia confianza, no confiarás en mí a pesar de que así lo afirmes y creas.

¿Cómo respondes a las críticas?

Esta pregunta es de aprendizaje. Muchas personas tienen el potencial para aprender, pero no saben que son el verdadero *patra*, el candidato real o estudiante. Al publicar estos videos en YouTube, obtenemos buenos comentarios, pero también críticas. Yo respeto ambos. Más respeto a quienes critican porque si hoy critican, mañana pensarán que les estoy diciendo la verdad. Si reciben mis libros, podrían dejarlos a un lado, pero sé que después de uno o dos años, van a leer los libros. Cuando miran uno de mis videos, puede que me critiquen de inmediato, pensando que no tengo nada más que hacer sino solo criticar. En efecto, las tradiciones malas deben ser criticadas. Me podrán despreciar, pero no saben que ellos mismos son los verdaderos candidatos y tienen la capacidad de crecer. En primer lugar, deben ya haberme aceptado como una persona importante, si no ¿por qué criticarme? No me criticarían si no pensaran que soy algo. En sus ojos, yo ya soy alguien especial. La razón de por qué me critican es porque quieren ser especiales también.

Una vez leía textos budistas, y en estos textos hay muchas críticas de Mahavir. Después de algún tiempo, leyendo los textos jainistas no encontré ninguna crítica de budistas o del mismo Buda. Esto es porque Mahavir había ya alcanzado la conciencia más alta y él ya estaba disfrutando de gran popularidad entre la gente. Buda quiso llegar a esa popularidad, por lo que tuvo que criticar a Mahavir. Mahavir no necesitó criticar, porque ya era un gran personaje. Cuando alguien critica a otra persona, piensan que la persona ya es importante. No olvides que quienes critican son los mejores candidatos y tienen más capacidad de aprender. Puede que no suceda inmediatamente. Después de un tiempo, comienzan a pensar porque lo que les enseño impacta en el núcleo de su ser, y lo hace profundamente. Cuando les afecta profundamente, hay dos maneras en que pueden reaccionar: me aprecian, o me critican. Pero este reconocimiento no viene del fondo de su corazón, mientras que la crítica sí. Eso demuestra que algún día aprenderán la verdad. Y les digo que van a aprender. Son personas reales, pero no saben cómo manejar la verdad todavía. Estoy tratando de enseñar a ese tipo de personas. Quiero impactar profundamente en sus almas para que sus almas durmientes sean despertadas algún día.

¿Cuál es el verdadero significado de la entrega?

La palabra sánscrita para rendirse es *samarpan*. No se trata de inclinarse físicamente. Rendirse o entregarse significa no oponer resistencia. Es fácil decir, "Entrego mi cuerpo, mente y posesiones a

Dios", pero otra cosa es hacerlo en realidad. Rendirse es cuando tu existencia es nada y te conviertes en un cero. Tu existencia pertenece a Dios. Se trata de una verdadera entrega. Meera se entregó a Krishna, aunque ella nunca lo conoció.

Uno puede entregarse al maestro, y al hacerlo, el maestro te pondrá a prueba. Si te resistes a la prueba, significa que la entrega nunca ocurrió. Cuando realmente te entregas al maestro, tu ego, ira, celos y odio se disuelven. Te purificas. Rendirte ante un maestro iluminado significa que te entregas a tu propia alma que ha despertado. El maestro te impactará profundamente para despertarte, y de esta manera, tu entrega real comienza. Cuando las personas se entregan a Dios, no hay ninguna reacción, por lo que la gente sigue adelante pensando que se han rendido. Pero un maestro vivo puede reaccionar y te llevará hasta el punto donde tienes que cambiarte a ti mismo. Por esta razón es difícil vivir y aprender directamente de un maestro vivo. Es fácil quedarse con Dios porque Dios no existe en un cuerpo. Dios es luz pura. El rendirse ante un maestro vivo real es la forma segura de despertar a tu propio maestro interior, tu alma. Los verdaderos buscadores sabrán lo que es una entrega verdadera.

OPINIONES RELIGIOSAS

¿Se puede alcanzar la iluminación a través de la religión? (89)

¿Consideras que la religión es una fuerza de unión o una forma de vida? (89)

¿Crees que hay un solo Dios con diferentes nombres? (91)

¿Dios crea las almas? (91)

¿Puede un ateo o teísta ser espiritual? (92)

¿Cuál es la diferencia entre religión y espiritualidad? (93)

¿Es Dios una persona? (95)

¿Es una tradición la de construir templos para la adoración? (96)

¿Está equivocado el Bhagavad Gita sobre Krishna y Dios? (97)

¿Dar el 10 % del dinero a la iglesia es lo correcto? (98)

¿Si confieso mis pecados, Dios estará enfadado conmigo? (100)

¿Necesitamos confesarnos? (101)

Si hay un Dios, ¿por qué hay tantos ateos? (101)

¿Qué son los avatares? (101)

¿De dónde vino Dios? (103)

¿Qué es el hinduismo? (103)

¿Jesús sigue vivo? (104)

¿Por qué no se aceptan maestros espirituales femeninos? (105)

¿Pueden las personas oír la voz de Dios? (106)

¿Debemos usar los Vedas y adorar la naturaleza? 107)

¿Sirven de algo el ritual y la adoración? (108)

¿Qué es la oración? ¿funciona? (110)

¿Qué es el pecado? (111)

¿Qué es cierto, Dvaita o Advaita? (113)

¿Qué es el dharma? (114)

¿Qué raza es mejor? (115)

¿Cuál religión es la mejor? (115)

¿Quién es un ateo? (116)

¿Cuál es tu opinión sobre el uso de libros sagrados en la sociedad? (117)

¿Son libros como la Biblia inspirados por Dios? (119)

¿Dónde estuvo Jesús durante dieciocho años? (120)

¿Por qué los cristianos creen que todos los seres humanos son

pecadores? (121)
¿El cielo y el diablo existen? (123)

OPINIONES RELIGIOSAS

Las religiones tienen una gran influencia en esta tierra. Ya han dañado a la sociedad. Han dividido a la gente. Llegó el tiempo de despertar, no de tener religiones ni de crear nuevas. Si has leído la historia sabrás que, en el lapso de 5,000 años, ha habido casi 5,000 guerras, y casi 4,000 fueron debido a influencias religiosas. La idea de tener una religión mundial que una a todos es hermosa, pero primero debemos reunirnos a nosotros mismos con la fuente principal. La fuente principal es nuestra propia alma., Es lamentable que la palabra *dharma* que se originó en la India se traduzca como religión.

La India antigua no tenía ninguna religión. La India tenía dharma, que es simplemente un camino. Ese camino es siempre considerado espiritual. Otro significado de dharma es deber. Uno tiene un deber hacia sus hijos, la familia, la sociedad y la nación, pero la traducción de dharma como religión se ha convertido en una definición popular. Es una mala traducción.

La religión funciona en la sociedad de una buena forma. Las religiones intentan enseñar a la gente a ser buena, a dedicarse a sus familias, la nación y la sociedad. Es una forma de vida.

Las religiones fueron creadas basadas en el temor. Enseñan que, si no eres una buena persona, si no oras o sigues sus enseñanzas, irás al infierno. De esta manera el miedo es bueno para aquellas personas que son malas.

Si pueden seguir estas reglas, ya no serán malas. Pero los maestros religiosos están malinterpretando el concepto de religión. Están en competencia de que su religión sea la mejor y probar que las otras son falsas. Este concurso sigue dividiendo a personas y grupos. En lugar de aumentar el amor, aumenta el odio. Este es el odio que crea la guerra. La raíz de la guerra y la lucha es el odio.

En la India, hay muchos dharmas, muchos caminos. Nunca ha habido este tipo de división en la sociedad india, porque los indios están siguiendo el camino correcto. No hay un único camino para llegar a la verdad o a Dios. Hay muchos caminos. *Ekam sat vipra bahudha vadanti* significa que la verdad es una, pero para encontrar la verdad hay muchos caminos. Estas enseñanzas crean armonía en la mente de los pueblos, en vez de odio. Por ello, el dharma nunca ha creado odio en las mentes de las personas; lo ha hecho la religión.

El dharma para mí es como muchas diferentes flores en un jardín. Algunas flores no tienen fragancia, pero siguen siendo flores. Creo que uno no debe ser un maestro religioso, sino un maestro de dharma. Uno debe ser un maestro del camino, el camino real. De vez en cuando, de todos los maestros religiosos, hay algunos que resultan ser verdaderos maestros. Esto es muy bueno para la sociedad. Esos pocos resultan ser líderes como Martin Luther King Jr. y eligen la no-violencia. Crean unidad, compasión y amor en la sociedad. La mayoría de los maestros religiosos dividen a la sociedad. Creo que tenemos que dar a la gente educación primero. Con educación, aprenderán las personas a no creer que ninguna religión es superior a otra. En cambio, los líderes religiosos deberían enfocarse en hacer que la gente sea superior.

¿Se puede alcanzar la iluminación a través de la religión?

Hay razones por las que no es posible alcanzar la iluminación a través de la religión. La religión está demasiado organizada y como resultado, se convierte como en un culto. La persona religiosa sigue los pasos ya prescritos por el liderazgo. No van más allá de esos pasos. Se quedan atrapados. Una vez que sigues reglas, ya no estás relajado o natural. Tu mente y sentidos no permanecen frescos. Para meditar, una persona tiene que estar libre de estrés. Las aves en la naturaleza son hermosas porque no tienen ninguna tensión. Cuando vayas a las iglesias y templos, verás que las personas carecen de energía. Las iglesias y templos atraen multitudes de gente mayor.

Trata de mantenerte lejos de la religión. Trata de aprender métodos espirituales más bien que te permitan avanzar en el sendero espiritual. La espiritualidad es natural. La naturaleza es sin resistencia. Toma provecho de tu vida y aprende la verdadera espiritualidad que conduce a la iluminación. La religión sólo puede enseñar cómo ser bueno en la sociedad. Para ser un iluminado, una persona no necesita ser civilizada. Cualquier persona que es natural y fluye con la vida puede alcanzar el más alto estado de conciencia. Serán como el viento, los océanos, las estrellas, las flores.

¿Consideras que la religión es una fuerza de unión o un estilo de vida?

El significado de la palabra religión es "re-unir". Es común pensar que la religión nos une, pero esa no es la verdad. Muchas sectas han surgido de la religión y nos están separando cada vez más. En efecto, la religión comenzó como una guía para la vida, pero estoy en desacuerdo con ambas posiciones. La religión no es una fuerza de unión ni tampoco un estilo de vida. Todas las religiones intentan convertir a la gente en sus creencias sin que realmente les importe que las personas sean buenas. Lo que la religión tiene que enseñar es cómo amar, ser compasivo y ser una fuerza de ayuda en la sociedad. Cuando todas las religiones enseñen y practiquen estos principios, todos serán buenas personas. La realidad es que todas las personas son iguales. Este es el mensaje que debe transmitirse, no lavar el cerebro a la gente sobre la superioridad de una religión sobre los demás. Cuando el énfasis esté en que cada persona sea un buen ser humano, entonces la religión estará en el camino correcto.

Un *acharya*, líder de monjes y monjas, estaba aplicando un examen final a tres estudiantes. La prueba era para medir qué tan religiosos o espirituales eran los estudiantes. El acharya colocó espinas en el camino a su casa y pidió a los estudiantes reunirse con él esa noche. Los estudiantes iban descalzos, y al llegar a la ruta, vieron las espinas por todas partes. El primer estudiante saltó sobre las espinas para evitarlas. El segundo anduvo por el lado del camino. El tercero pensó, "Sí, puedo saltar, o caminar por un lado, pero si alguien viene después del atardecer, no verá las espinas y va a salir lastimado." Así que comenzó a despejar el camino de todas las espinas. Habiendo observado a los estudiantes secretamente, apareció el acharya, y bendijo al tercer estudiante porque fue el único que pensó en los demás.

Puedes ser feliz si te preocupas por la felicidad de los demás. Esto hace a una persona espiritual. Si sólo deseas felicidad para ti mismo, no la obtendrás. La religión tiene que volver a la enseñanza de este principio. Cuando todas las religiones empiecen a enseñar esta realidad, el mundo entero será pacífico. Todas las guerras se acabarán. Es la condición que las religiones tienen que cumplir, no sólo convertir a la gente para tener el mayor número de seguidores. Seguir convierte a la gente en ovejas o en robots con el cerebro lavado. Esto no lleva a la sociedad a ninguna parte. En estos días, la religión no es una fuerza unificadora porque la gente no enseña la verdad. Mi deseo es que las religiones enseñen la verdad y que el mundo sea pacífico. Este es el deber de todas las religiones.

¿Crees que hay un solo Dios con diferentes nombres?

Esta pregunta se inicia con "¿crees?" Tengo que decir que no tengo creencias; yo sólo sé. No enseño creencias. Conocer la verdad, conocerse a sí mismo, es en lo que me concentro.

Sí, Dios es uno, y se le dan nombres diferentes por diferentes religiones y culturas. Cuando ves la verdad, el Dios en el que cualquier persona particular cree no existe. La verdad es que Dios existe en cada uno de nosotros, en cada ser vivo, desde bacterias, hasta plantas, animales y seres humanos. Este Dios debe ser conocido, no se trata de creer en él.

¿Dios crea las almas?

Tal como señala la ley de la física, las almas nuevas no pueden crearse, el *Bhagavad Gita* dice, "Aquello que existe no se puede traer a la no existencia y lo que no existe nunca estará en la existencia". Las almas que existen no pueden ser aniquiladas. Las almas son infinitas. Cuando se funden con Dios, siguen siendo infinitas. El universo es eterno. Dios no creó las almas. El alma es eterna y la materia es eterna. La energía es materia, razón por la cual es visible. El alma no es energía; tiene saber, sensaciones y sentimientos. La materia no tiene conocimiento.

El universo no tiene un principio. El principio de la existencia se prueba a sí mismo: siempre estuvo allí. El alma es un poder detrás de la energía o la materia. Cuando los dos se unen crean la forma: humano, planta, animal, o naturaleza. Hay vida en todas partes, el alma y la materia que se unen. Esto se llama *jivatma*. El alma menos la materia, el alma pura, se llama Dios. Dios no crea el universo. Existió, existe y existirá siempre. Las leyes de la física se aplican al alma, a la energía y a la materia por igual.

Si deseas trabajar en ti mismo y elevarte a ti mismo desde *jivatama* a *paramatma*, Dios, tienes que separar la materia del alma. Tienes que destruir tu karma. Karma es la materia sutil. Haciendo *sadhana*, prácticas espirituales, algún día te darás cuenta que siempre han existido la materia y la energía. Alma y materia son eternas, sin principio y sin fin.

¿Puede un ateo o teísta ser espiritual?

La espiritualidad no tiene ninguna condición. La primera religión en la

India, *Charwak* o *Lokayat*, era atea. Los seguidores se consideraban espirituales. La espiritualidad no tiene nada que ver con Dios. Un ateo o teísta puede ser espiritual; el concepto de Dios es irrelevante.

La espiritualidad pertenece a tu ser. Tienes que descubrir cual es tu estado de ser. El estado de ser es puro y lo sabe todo. Este cuerpo es tu templo; no necesitas templos exteriores. Necesita encontrar la verdad, que se esconde dentro de ti. Ateos y teístas creen en la verdad. Cuanto más vas hacia adentro, más encontrarás la espiritualidad. La espiritualidad tiene que ver con el ser, que es puro. Es como un espejo que puede reflejar. Puedes ver tu verdadero ser en ese espejo, y te pone en el camino espiritual. Te verás a ti mismo como uno de los otros; deseas prosperidad y ellos también. Todo el mundo es el mismo. Todo el mundo es espiritual, sin importar su color o género. Todo el mundo tiene la capacidad de crecer, pero necesitan orientación. Con la dirección correcta, pueden ir en el camino correcto, y tarde o temprano llegarán a su destino.

Ve en tu viaje hacia el interior. Experimentarás muchas cosas. Esto es lo que Jesús quiso decir cuando dijo: "yo soy el camino". El cuerpo humano es la puerta para encontrarse a sí mismo. El ojo interno te está esperando. Comenzará a abrirse. Cuanto más vayas interiormente, más encontrarás que no eres hombre o mujer, blanco o negro, gay o hetero. Eres el alma más pura. Eres espiritual.

¿Cuál es la diferencia entre religión y espiritualidad?

Existe confusión sobre religión y espiritualidad. La religión no es espiritualidad y la espiritualidad no es religión. La religión enseña una forma de vida en sociedad. El hinduismo, el jainismo y el budismo tienen diferentes caminos de enseñanza. La gente piensa que al conectar o conversar con Dios o siguiendo un cierto código de vestimenta están practicando la religión. Todas las religiones intentan lograr la paz en el mundo, pero quieren hacerlo a través de su propio camino. Cuanto más insisten en *su* camino, más guerras se crean. Un maestro fue encarcelado recientemente en África porque sus estudiantes querían nombrar a un oso de peluche de juguete Mohammed, y según el islam, no se puede nombrar un oso de peluche con el nombre del profeta. La religión no trae paz, pese a sus intenciones sinceras.

Para mí, la religión es como un jardín lleno de flores diferentes. Algunas son muy fragantes y algunas no tanto. Tan pronto como una religión lava el cerebro de su gente, lucharán a muerte por sus ideas. El papel de la religión es traer solamente bondad a las personas, pero raramente hace eso.

La espiritualidad es la mejor manera porque evita los escollos de las enseñanzas religiosas o de una doctrina específica. La espiritualidad es la ruta sin camino. Te lleva en un viaje hacia atrás en ti mismo. Cuando buscas profundamente en tu ser, eres espiritual. Este enfoque, y no el enfoque en los demás o el mundo exterior, sino el de las profundidades de tu alma, te llevará a Dios. Esta no es una creencia; es un saber. Ser espiritual te permite florecer. Trae paz a la persona y al mundo.

El alma, *atma*, para la que hay otra palabra, *purush*, es la luz dentro de ti. Es la fuerza que impulsa el cuerpo. El cuerpo no puede estar vivo sin esta luz, aunque los órganos y los sentidos estén todavía presentes. El alma o atma, puede ser elevada a *mahatma*, alma grande, y a *paramatma*, el alma expandida o conciencia. Cuando se logra esta paz siguiendo la espiritualidad, puedes traer la paz al mundo. En primer lugar, sé una persona pacífica tu mismo. No trates de cambiar a los otros; cámbiate a ti mismo primero.

La espiritualidad es la mejor forma de entendimiento. Cuando el mundo se vuelva espiritual, la paz prevalecerá. En la espiritualidad, el alma florecerá y expandirá, y no habrá ninguna diferenciación entre tú y Dios. La espiritualidad es florecimiento, no lavado de cerebros.

¿Es Dios una persona?

Cuando vemos que, según el libro del Génesis en la Biblia"Dios creó al hombre a su imagen", parece como si Dios fuera una persona. Pero el hombre no es perfecto. ¿Cómo, entonces, podría ser a la imagen de Dios? ¿Por qué los animales o las plantas no están en la imagen de Dios? ¿Dios es parcial? Esto demuestra que la Biblia no es la palabra de Dios. Los hombres que querían ser superiores a Dios la escribieron. Si Dios fuera una persona, tendría muchas imperfecciones. Dios no es una persona. Si lo fuera, tendría una personalidad. Y personalidad significa llevar máscaras. Las máscaras cambian constantemente. La verdad no tiene máscaras. Si Dios es una persona, entonces es imperfecto.

Dios es un fenómeno diferente. Dios es omnipresente y omnisciente.

No hay nada en el universo que no sea Dios. Todos los seres vivos son parte de Dios. Los seres humanos necesitan alcanzar la perfección para entenderlo, porque tienen un intelecto. Utiliza tu intelecto para crecer. Los animales no crecen espiritualmente, porque no poseen inteligencia, a pesar de que son seres pacíficos.

La naturaleza tiene orden y equilibrio. Crea equilibrio a partir del desequilibrio. El universo es perfecto. Una persona es perfecta porque puede mejorarse a sí misma para ser Dios. Si Dios es perfecto y nosotros somos la creación de Dios, entonces somos perfectos. Los *Upanishads* dicen: "este universo es perfecto." Dios es impecable. Lo que viene de la perfección es perfecto. La perfección es la más alta cualidad de Dios. No se puede decir que Dios es una persona, porque por naturaleza una persona es imperfecta. Dios es como un bailarín. La danza de un danzante no puede separarse del mismo. Son uno. El universo es como un baile, y Dios es el bailarín. Todos somos parte de esta perfección.

¿Es una tradición construir templos y usarlos para la adoración?

En los Vedas, hay solamente una antigua tradición, la adoración de la naturaleza. La razón de esto fue que la naturaleza proporciona a las personas lo necesario para vivir y sobrevivir. Hace casi 2,000 años, la tradición de construir templos comenzó después de Mahavir y Buda. No hay un solo templo de Rama o Krishna de períodos anteriores. Pero ahora se encuentran templos en su nombre por todas partes, aunque los eruditos creen que Rama y Krishna no fueron figuras históricas. Aun así, los hindúes mantienen fuertes creencias de que Rama y Krishna fueron encarnaciones totales de Dios. Los hindúes comenzaron a seguir las tradiciones jainista y budista y comenzaron a construir sus templos. Sin embargo, lo que es interesante, es que Mahavir y Buda pidieron a las personas no hacer estatuas, pero las personas desobedecieron de todos modos. La tradición de los templos no es muy antigua.

El pueblo de los vedas sabía que, con el fin de encontrar a Dios, tienes que trabajar a través de la naturaleza. Toda la naturaleza es Dios; todo lo que existe, los planetas y galaxias, son manifestaciones de Dios. Todos somos parte de ella, los seres humanos, animales, plantas, océanos, etcétera. Dios es la naturaleza; no está separado de la naturaleza. Esta es la antigua tradición. Adorar a la naturaleza significaba dar las gracias a la naturaleza por dar la vida. Pero con el tiempo, empezaron a pensar que la naturaleza era Dios, y en lugar de dar gracias a Dios, comenzaron a adorar a Dios como si Dios fuera una persona o un rey. Un rey puede castigar o premiar. Esta es la ideología y la creencia que se desarrolló con el tiempo. Esta forma de adoración está equivocada. Es mejor adorar a la naturaleza, no a ese falso concepto de Dios. Adorar debe ser dar gracias a la naturaleza.

¿Está equivocado el Bhagavad Gita sobre Krishna y Dios?

No hay ninguna distinción entre el alma y Dios. Atma es mahatma, alma grande, y paramatma, alma expandida. Krishna es una figura prehistórica y por lo tanto se considera un mito. A lo largo de la historia de la humanidad, siempre hubo lucha y guerra, que se representa en el *Mahabharata* y el *Bhagavad Gita* como guerras míticas y psicológicas. Si no hay ninguna prueba histórica de que Krishna existió, de quien se cree es una encarnación de Dios, entonces no tenemos por qué creerlo. Cuando la gente cree en la encarnación de Dios, no lo están considerando un alma. Si Krishna llega a la tierra, viene como atma y poco a poco se convierte en paramatma. Si las personas adoran a Krishna como el ser supremo, están reconociendo que es el único. Esto significa que estamos separando todas las almas de Dios. En este sentido, el *Bhagavad Gita* pierde credibilidad. Sin embargo, el *Bhagavad Gita*, tiene muy buenas enseñanzas sobre Krishna, acerca del karma, acerca de cómo no tener ego y cómo estar en paz. En el libro hay enseñanzas contradictorias, también. Para mí, el *Gita* es una recopilación de diferentes creencias dentro de la cultura hindú. En este sentido, es valioso.

En el Bhagavad Gita, Krishna inspira a Arjuna, una persona tranquila, a luchar y matar a sus primos, tíos y abuelos. Incluso dice a Arjuna que, si él no lo hace, Krishna lo hará. ¿Puede alguien creer que Krishna es Dios si hizo esto? Hay que tomar el *Bhagavad Gita* como un buen libro, no como un libro sagrado. Gandhi aceptó el Gita así al igual que muchos eruditos. No hay que considerar a Krishna como la encarnación de Dios, puesto que no hay ninguna prueba histórica de su existencia. Si Krishna es la encarnación de *Vishnu*, Vishnu no es Supremo. Vishnu es uno de los tres *Mahadevas*: Brahma, Vishnu y Shiva. Los Devas no son Dios, son como Ángeles.

¿Dar el 10% de tu dinero a la iglesia es correcto?

Había una vieja tradición en la religión jainista que, si una persona en la comunidad perdía su negocio o quebraba, cada familia en la comunidad debía donar un dólar y un ladrillo a la familia de esa persona. Así que, si había 10,000 familias en la comunidad, la persona recibirá $10,000 y 10,000 ladrillos para que pudiera construir una pequeña casa y empezar un negocio. Ese fue el compromiso entre los jainistas y es por qué los jainistas están entre las personas más ricas en la India hoy.

No es claro de dónde proviene el origen del diezmo, el 10% de los ingresos para la iglesia. Hoy en día, esto se hace en nombre de Dios, y eso es lo malo. En primer lugar, Dios no es una persona; no necesita tu dinero y no te castigará si no lo das.

Según muchas enseñanzas religiosas de la iglesia, somos hijos de Dios. ¿Por qué Dios castigaría a sus hijos? Para las iglesias pedir el 10% de los ingresos de una persona, significa que la Iglesia quiere enriquecerse. Y las iglesias *son* muy ricas. La obligación de diezmar es una práctica que va demasiado lejos. Algunas iglesias incluso irán tras las devoluciones de impuestos de sus miembros. Esto muestra que estas iglesias son muy codiciosas.

Si alguien va a la iglesia para aprender cosas buenas, es respetable que done voluntariamente de corazón. Lo que se da desde el corazón tiene significado. Trae buen karma. Lo que es tomado por la fuerza no trae buen karma para la iglesia.

Si una iglesia es tomada por la avaricia, eventualmente quiebra. El dinero que se recoge de manera forzada es un mal dinero. Esa iglesia nunca florecerá. Cuando el dinero es dado de corazón, esa iglesia u organización florecerá. Cuando una iglesia obtiene dinero por avaricia, ese dinero no servirá verdaderamente a la comunidad.

¿Si confieso mis errores, se enfadará Dios conmigo?

Sólo por confesarte con alguien ya eres una gran persona. Ten cuidado con quien te confiesas, porque no quieres que todo acerca de ti sea revelado a todo el mundo. Estás abriendo tu corazón a alguien, pero deseas estar protegido. Hay sólo cuatro personas con quienes te puedes confesar. La primera persona sería alguien muy confiable en tu propia familia, como un padre. La segunda persona sería un amigo muy cercano y digno de confianza. Jesús intentaban decirle a la gente que tuvieran cuidado de sus amigos; sólo uno en un millón es de confiar. La tercera persona sería un sacerdote que también es digno de confianza, pero yo no confío en los sacerdotes cristianos o católicos debido a las historias de abusos sexuales de niños y adultos en esas iglesias. Algunos sacerdotes son buenos, a pesar de todo. Y por último, ve con un santo o un maestro digno de confianza.

Si no puedes encontrar a nadie entre estos cuatro en quien confiar, ve al bosque y grita en voz alta y confiesa tus errores. Cuando aceptas tus errores, Dios sonreirá contigo, y ese Dios está dentro de ti. Dios no tienen ira; el enojo es material no deseado y no eres tú. La ira viene del exterior; no es un fenómeno interno. Dios es un fenómeno interno; por lo tanto, Dios estará muy contento contigo. Cuando admites tus errores, eres perdonado.

¿Necesitamos confesarnos?

En el más puro sentido de la palabra, no hay ninguna necesidad de confesión. La confesión ocurre porque estás sobrecargado de tensión y depresión y no puedes manejar el estrés. Lo mejor es ser normal, toma una respiración profunda y encuentra tu propio ser. Una vez hecho esto, no hay ninguna necesidad de confesarse. La confesión es un concepto de la religión organizada. Una persona espiritual no necesita confesarse. Como persona espiritual, tu alma sabrá lo que has hecho.

Si hay un Dios, ¿por qué hay tantos ateos?

No hay ninguna evidencia de que existe el tipo de Dios de quien se habla. La gente pregunta, "Si hay un Dios Todopoderoso, ¿por qué no viene en nuestra ayuda?" Hay tanto sufrimiento en el mundo. ¿Es un Dios compasivo que no responde a nuestro sufrimiento y permite que siga? Si Dios existiera, él vendría para ayudarnos a aliviar el sufrimiento del pueblo. Las personas no ven este Dios, y por eso se vuelven al ateísmo. No deben ser culpados. Tienen derecho a volverse en contra de las ideas falsas perpetuadas por la religión. Ni un solo científico o psiquiatra ha sido capaz de probar que Dios existe. No hay ninguna evidencia. Se trata de una era científica y porque no se puede probar la existencia de Dios, las personas tienen derecho a ser ateos. Por lo menos los ateos son buscadores. Podrían descubrir un día si Dios existe o no.

¿Qué son los avatares?

En la filosofía hindú, los avatares son encarnaciones de Dios en forma humana, como Rama y Krishna. El significado de *avatar* es aquel que nace. Dios desciende en un cuerpo humano y a veces en un cuerpo animal. De acuerdo con esto, entonces, somos todos avatares, y esa es la verdad. Todos venimos de la misma conciencia.

Los jainistas no creen en avatares. Ellos creen en *Tirthankars*, que son seres humanos extraordinarios que adquirieron un cuerpo tipo superhumano como resultado de haber juntado mucho karma virtuoso y a través de la mejora de uno mismo. Krishna no era una encarnación de Dios, aunque él mismo mejoró mucho. Mucha gente piensa que Krishna es la encarnación de Dios, o que Jesús es la encarnación de Dios.

La mitología del avatar tiene que ser condenada. Si quieres crecer espiritualmente, tienes que creer en ti mismo. Tienes que empezar desde el principio. Puedes comenzar ahora, más adelante o en otra vida. La vida es una continuidad, así que puedes empezar en cualquier punto de la serie. Si quieres ser alguien especial, como un Tirthankar, necesitas empezar a trabajar en ti mismo. Si no lo haces, nunca sabrás a qué *sabe* Dios o cómo es. Aquellos que no lo hagan, siempre voltearán a un Dios exterior para que los perdone. Pero aquellos que practiquen la superación personal, alcanzarán en algún momento la divinidad. La auto superación se hace paso a paso, como la carrera de la tortuga. Camina despacio, pero llega a tu destino. Cree en ti mismo. Dios no te llevará hasta allí; tienes que hacerlo tú mismo, y sí puedes, porque tú tienes el poder infinito del alma.

Las creencias en el avatar no son útiles. Trabaja en ti mismo para que toda tu conciencia se despliegue y serás como un Tirthankar: alguien perfecto.

¿De dónde vino Dios?

La idea de Dios es una creencia y todas las creencias son falsas. Siempre están cambiando las creencias; por lo tanto, las creencias no pueden ser verdaderas. Nuestra creencia es que Dios creó el universo, pero ¿quién creó a Dios? Esta es sólo la creencia.

La verdad es que, si existimos, Dios existe. Hace cinco mil años aproximadamente, las personas adoraban el sol, las estrellas y los árboles. No conocían a Dios. Si vas a los libros antiguos de la India, China o Egipto, no hay ninguna mención de Dios. ¿Si Dios no se conocía entonces, no es muy posible que la *gente haya creado* a Dios?

¿Qué es el hinduismo?

Hay una idea falsa sobre el hinduismo. El hinduismo es ante todo una filosofía y una cultura. Es una rica y antigua cultura que contiene muchas religiones como el jainismo, el budismo, sijismo, sanatan dharma y otros. Todas estas conforman al hinduismo, una filosofía y una forma de vida. Dirige a las personas a una vida moral, pacífica y libre de estrés.

El hinduismo es una riqueza cultural de cerca de 3,000 años de edad, originaria de la civilización Sindhu de 5,000 años de antigüedad. Esta civilización practicaba la no-violencia, la paz y el esfuerzo para el gozo eterno. Posteriormente los invasores empujaron a los sindhu fuera de su tierra natal y hacia el sur de la India. Eran dravidianos, siguiendo el camino espiritual. Continuaron siguiendo sus principios de no-violencia hasta el siglo VIII, cuando comenzaron a seguir una práctica más ritualista en lugar de adherirse a sus ideales originales, la manera pacífica de los *Samanas*. Los samanas eran personas desinteresadas que enseñaban sin pedir nada a cambio. Los rituales empezaron a dominar la práctica Sindhu. Los rituales tenían algún valor, pero con el tiempo perdieron su significado real.

Hoy en día, sin embargo, muchos en la India continúan siguiendo las enseñanzas originales de los samanas. Esta es la esencia de la cultura hindú. La palabra hindú significa una persona que evita la violencia. Es como se supone que debe ser. Los jainistas sigue este principio en el sentido más estricto. El hinduismo es un nombre incorrecto. Debería llamarse cultura hindú: civilización hindú o estilo de vida hindú. La cultura hindú lleva las semillas de la paz, la no-violencia y la armonía. Con el fin de estudiar la cultura, hay que volver al pueblo de la antigua tradición samánica, que se encuentra en Mohenjo-Daro y Harrappa. Las tradiciones samánicas también pueden encontrarse en las enseñanzas jainistas, budistas y sankhya. Hoy en día los indios del sur provienen de la línea ancestral de los dravidianos.

¿Jesús sigue vivo?

Jesús ya no está en el reino físico. Se convirtió en objeto de culto después de su muerte. Él fue un gran maestro, mientras estaba vivo, pero a la gente no le gustaba. Lo mataron, al igual que mataron a Sócrates y a Mansour. También intentaron matar a Mahavir y Buda. Los maestros espirituales a menudo no gustan.

Porque lo crucificamos, Jesús ya no está en el reino físico, pero la luz de Jesús nunca morirá. Su cuerpo se ha ido, pero Jesús está presente en espíritu, y si puedes comunicarte con el alma, él podría ser capaz de ayudarte. Pero esto es algo muy difícil de hacer. Si quieres aprender a estar en ese estado de conciencia no necesitas iglesias; necesitas a un maestro vivo. Un maestro vivo te guiará a través de experiencias para aprender a estar en ese estado de conciencia.

¿Por qué no son reconocidos los maestros espirituales femeninos?

Todas las escrituras dicen que ser un hombre debe ser muy virtuoso y que es muy buena suerte ser un hombre. Casi todas las religiones antiguas dicen que sólo un hombre puede alcanzar la iluminación o ser un Buda. El hombre siempre ha dominado a la sociedad. Los hombres han escrito casi todos los libros. La sociedad está orientada hacia lo masculino. Esto ha promovido la idea sesgada de que solo los machos pueden alcanzar la iluminación o ser un Buda. Estos conceptos erróneos están muy lejos de la verdad.

En los *Upanishads*, había dos señoras, Maitreyi y Gargi, que superaron a los hombres en sus discusiones sobre espiritualidad. En un libro antiguo, un *rishi* tenía dos esposas que fueron muy evolucionadas espiritualmente y manifestaron su comprensión superior a Yajnawalka, una persona muy conocida en la sociedad. La religión jainista intentó cambiar esta idea de superioridad del hombre sobre la mujer, pero los conservadores impidieron que las mujeres se convirtieran en Tirthankars. En una secta jainista, *Shwetambar*, sin embargo, había una mujer con el nombre de Mallibai que se convirtió en un Tirthankar. Hoy en día, sectas conservadoras creen que ese Tirthankar era un hombre. Incluso hoy en día, los católicos no permiten a las mujeres ser sacerdotes, obispos, cardenales y papas. Esta mentalidad retrógrada debe terminar.

En sánscrito, el hombre se conoce como *nar* y la hembra es *nari* y en esta lengua el término para la mujer implica un estatus más alto que proviene de sus dobles vocales. La dificultad principal para las mujeres es que se encuentran atrapadas por la maternidad. Si una mujer enfoca su energía hacia la espiritualidad, ella puede ir más allá que un hombre. Una vez que sus hijos son criados, una mujer puede poner toda su energía en la espiritualidad y ella puede alcanzar el más alto estado de conciencia y convertirse en Tirthankar, también. Las mujeres tienen mucha energía acumulada que puede ser utilizada hacia la espiritualidad. En la vieja sociedad dominada por los hombres, los hombres no querían que las mujeres fueran más fuertes. Pero las mujeres tienen energía suficiente como para que, con orientación, realmente puedan despertar y florecer. *Es hora de levantarse, despertar y nunca detenerse hasta que se logre el objetivo.*

¿Las personas oyen la voz de Dios?

En los medios de comunicación, oímos hablar de personas que dicen que Dios habla con ellos. Pero hay que entender que Dios no es una persona y no habla. Dios es un brillo que rodea todo. Lo escuchan estas personas son sus propias mentes e ideologías. Algunas iglesias afirman que exorcizan espíritus malignos. Sus adherentes pueden cantar, bailar y hablar en lenguas. Dicen que Dios está con ellos y hablando a través de ellos. En la cultura hindú, afirman que Shiva o Rama ha entrado en sus cuerpos y que está con ellos.

Estas son personas equivocadas que buscan la atención. En algunos casos, son personas con esquizofrenia, que es una enfermedad. Con la guía de un verdadero maestro, una persona que pretende escuchar la voz de Dios puede ser ayudada y aprender a voltear hacia el alma que esta dentro.

Ten en cuenta que quienes pretenden hablar con Dios no son realmente divinos ni espirituales. Pueden perjudicar a la sociedad. Sólo ignóralos y desconfía de ser seducido por estas ideas.

¿Debemos usar los Vedas y la adoración de la naturaleza?

Los Vedas son los libros más antiguos en la cultura india. Tienen 5,000 años de antigüedad. El *Rig Veda* es el primer libro, y nueve de sus capítulos son muy viejos. Siempre se hace referencia a la Naturaleza en los Vedas. La adoración de la naturaleza se traduce en agradecimiento a la naturaleza. Al adorar a un árbol, se le agradece por proporcionar oxígeno, fruta o su belleza floreciente. En la cultura hindú, los ríos, océanos y surya (el sol que nos da luz) se veneran, también. Sin el calor y la luz del sol no podemos existir. En verdad, el sol es mayor que Dios, en el sentido de que Dios es invisible. Y nosotros podemos ver la luz del sol.

Yo estoy a favor de honrar a la naturaleza, *surya narayan*, porque en el la adoración estás agradeciendo al Sol. También puede recitar el mantra de *Gayatri* como un *sadhana,* o práctica espiritual:

Aum bhoor bhuva svaha

Tat sat vitur varenyam

Bhargo devasya dhimahi

Dhiyo yo nah prachodyat

El mantra Gayatri se encuentra en el primer *Veda*. Es un mantra de meditación.

Cuando ofreces una oración a la naturaleza, das las gracias a la naturaleza por proporcionarte oxígeno y alimentos. Esta oración se da mejor a la naturaleza que a Jesús, Rama, Krishna, Mahavir o Buda, porque la naturaleza está entre nosotros. Los maestros han desaparecido. Si entendemos su significado, podemos utilizar los *Vedas* en este aspecto y también aprender sobre medicina herbolaria que sigue siendo válida hoy. La medicina herbolaria todavía desempeña un papel importante en nuestras vidas, y estos remedios no tienen efectos secundarios. Utiliza las cosas buenas de los *Vedas*. Recuerdo que Dios no hablaba los *Vedas*, porque Dios es sin cuerpo. Dios está más allá de cuerpo, los sentidos, la mente, los pensamientos y las emociones.

¿Sirven de algo el ritual y la adoración?

Muchos swamis y sanyasins creen que se puede conectar con uno mismo a través de los rituales. Por el contrario, no hay ninguna posibilidad de conectar con el ser a través de rituales, pues los rituales son las costumbres de una cultura. Los rituales no te adentran en una meditación tampoco. Estos maestros iluminados y swamis falsos enseñan las cosas mal. Realmente, estás más conectado con tu ser cuando estás sentado en un cine viendo una película. Esto no significa que eres iluminado. No te dejes lavar el cerebro creyendo que estás conectando con tu propio ser. Sólo cuando empiezas a buscar *quién realmente eres* puedes estar en el camino. Para conectar con el ser toma tiempo, así como un gran esfuerzo para mejorar.

No hay ninguna diferencia entre los rituales y una persona en su oficina que está muy enfocada en hacer dinero en el trabajo. Adorar estatuas durante rituales no es el camino a la iluminación. Las personas que realizan rituales no son iluminadas. La mayoría de las religiones en el mundo siguen rituales y rinden culto a ídolos. Es fácil dejarse seducir por falsas enseñanzas. Pero a la gente le encantan estas trampas porque les hacen sentirse seguros.

Las estatuas se supone que son símbolos de las cualidades del maestro. En este aspecto, las estatuas pueden servir como un propósito de enseñanza. Pero adorar estatuas como si fueran Dios es incorrecto.

Es cada uno quien tiene que encontrar la manera de conectar con uno mismo. Por ejemplo, haz lo siguiente. Cuando te despiertes por la mañana, cierra los ojos y trata de ir profundamente dentro de ti mismo para averiguar quién eres. ¿Eres tu mente, cuerpo o sentidos? No, tú eres algo más. Tal vez encontrarás que eres aquel que habla dentro de tu cuerpo. Tal vez eres un alma, una luz: atma. Verás las sutilezas, y estas sutilezas no son fáciles de percibir. Requieren esfuerzo: el esfuerzo de permanecer en silencio durante algunos minutos. Siéntate durante dos minutos en la mañana. No digo durante veinticuatro horas. Llegará el tiempo en el que estarás en ese estado de conciencia veinticuatro horas al día. Hasta entonces, haz tu práctica espiritual.

Los falsos maestros en la India alientan a la gente a ser sus seguidores. Los seguidores son ciegos que tienen lavado el cerebro. No son dueños se su propia mente y han perdido su personalidad. Estos maestros despiertan a sus seguidores a las cuatro de la mañana para meditar. Esto está mal, porque la gente no puede meditar cuando tienen sueño. Sugiero que medites cuando despiertes naturalmente, en un estado de relajación y comienza con tan sólo dos minutos. No pienses en rituales o adoración. Ninguno de los grandes maestros pidió adoración, y Dios no necesita tus alabanzas. Si quieres aprender, sigue las enseñanzas espirituales, no las tradiciones. Si deseas conectarte contigo mismo, siéntate en silencio y medita. Ese es el camino.

¿Qué es la oración? ¿funciona?

Cuando oramos, estamos agradeciendo a Dios por muchas cosas. Es bueno ser agradecido, pero ¿cómo sabemos si Dios realmente nos está dando todas estas cosas? Dios no tiene forma. Si oramos a un rey y le alabamos, él podría concedernos nuestros deseos porque tiene un cuerpo. Esta idea de orar a Dios viene de la vieja práctica del elogio de un rey. Un rey puede castigar o premiarte según tus acciones. Es muy difícil para un padre castigar a su hijo, y este Padre que muchos llaman Dios, el Todopoderoso, no es un padre común. Entonces ¿Cómo podría castigar a sus hijos? Un simple padre hará todo lo que pueda por aliviar el dolor y el sufrimiento de su hijo. La percepción que las personas tienen de la oración no es correcta. Las personas están alabando a Dios siempre. Dios no necesita de alabanzas; Dios necesita de la verdadera oración.

Si la gente realmente comprendiera la oración, todo el mundo cambiaría. La oración es cuando una persona se sienta en silencio y se ve tan profundamente en sí misma que se olvida de su cuerpo y pensamientos. Cuando esto ocurre, uno se vuelve presente y la oración comienza. La mayoría de la gente, incluso cuando pronuncian palabras en la "oración", están ausentes. Sus oraciones no son más que pensamientos. La oración real es cuando estás más allá de tu cuerpo, pensamientos y mente. La oración real lleva tu alma al frente. El alma misma es oración y la oración real funciona.

¿Qué es el pecado?

Tomamos al pecado según nuestro propio lente ideológico, uno dado a nosotros por la sociedad o nuestras propias familias. Por ejemplo, si una chica en la India sale a una cita con un muchacho, se considera un pecado. En América, por el contrario, si una chica no va a una cita, la familia piensa que hay algo malo con ella. Es difícil definir el pecado.

El pecado más grande es la culpa. La gente no puede deshacerse de esta culpa porque sus ideologías han sido inculcadas fuertemente. Por ejemplo, si un cristiano que cree en la Biblia se adentra en una forma diferente de ver la verdad, esa persona se siente culpable por abandonar la verdad de la Biblia. Lo mismo es válido para un musulmán cuando alguien intenta decirle acerca de la Biblia o de los *Vedas*. Las personas no son de mente abierta. En la India, hay cientos de religiones, por lo que hay menos culpabilidad asociada a diferentes caminos.

El pecado es cuando tienes la intención de herir a alguien y actúas de acuerdo con esas intenciones. Si tu intención no era herir a nadie, pero esa persona se sintió herida, no eres un pecador. Es difícil, por lo tanto, juzgar lo que es el pecado porque una persona ve una acción en un sentido y la otra lo ve de una manera diferente. Robar es considerado un pecado, pero cuando hay una necesidad desesperada, puede justificarse. Por ejemplo, si estás en el ejército, en la guerra, y no hay ningún alimento disponible, y entras a una casa vacía y comes la comida que hay allí, eso no es un pecado, porque las personas han huido y no podrías pedir permiso para comer su alimento. El pecado es relativo dependiendo de la situación y de tus intenciones. Un bebedor puede ser considerado un pecador, pero en muchos círculos sociales beber está de moda. Algunos incluso desprecian a alguien que no bebe. Si dos personas hacen lo mismo, uno puede ser un pecador y el otro no porque difieren de sus intenciones.

Si tu intención es pura, estás en la gloria. Si es impura, eres un pecador, no importa lo que hagas. Si estás en un ambiente malo, pero tienes pensamientos elevados, entonces no eres un pecador. Otra persona podría estar en la presencia de un Santo, pero teniendo pensamientos negativos, por lo que pudiera ser un pecador. El pecado depende del proceso de pensamiento. Si tienes culpa, eres un pecador, porque tu conciencia dice que hiciste algo malo. Hasta el momento en que elimines la culpa, serás un pecador. No cargues culpas. Busca ser una buena persona. Si estás en busca de un aprendizaje superior, de superación y auto-realización, y deseoso de convertirte en una buena persona sin importar qué libros lees, eso ayuda a liberarte de tus culpas. Cuando seas un auténtico buscador de la verdad ya no tendrás que cargar con culpas.

¿Qué es cierto, Dvaita o Advaita?

Cuando nos separamos del cuerpo, vamos más allá del estrés, la tensión, la angustia, la preocupación y la depresión. Es importante separarse del cuerpo en este contexto, porque esto puede ayudarte a tener éxito en la meditación, que es la meta final. Cuando una persona está en meditación puede darse cuenta de muchas cosas. No tiene ya que leer libros sobre el *Vedanta* en los *Upanishads*. En el Vedanta hay dos conceptos: *dvaita* y *advaita*. Dvaita es la creencia en la dualidad. Según dvaita, hay dos cosas que luchan entre sí: Brahma, el Supremo y *bhram*, la ilusión. Donde hay bhram, ilusión, no hay ningún Brahma, Supremo. Tienes que acabar con bhram, la ilusión en tu vida para llegar a Brahma, el Supremo. La ilusión es lo que nos separa del Supremo. Los jainistas también creen en la dualidad: atma, alma, que es pura, y *prakriti*, karma, que es impureza. Advaita cree en sólo una cosa, Brahma, el Supremo. El Supremo es el ser único y todos somos sólo proyecciones del Supremo. La única existencia es el Supremo.

Ninguna creencia está mal, pero no te quedes atrapado en ninguna creencia. Sólo vuélvete un buscador. Un buscador puede aprender desde cualquier lugar y cualquier cosa. No hay ninguna necesidad de leer libros de *dvaita* o *advaita*. Un buscador busca sólo su ser, el alma. Esa es tu dirección correcta.

¿Qué es el dharma?

Desafortunadamente, los buscadores occidentales consideran el *dharma* una religión. La religión es una forma de vida. Enseña cosas buenas, pero como persona religiosa corres el riesgo de que laven tu cerebro y por lo tanto de ser propenso a ser violento. Es mejor ser una persona espiritual.

El dharma no es religión. No es una enseñanza. No está separado del alma. Es tu alma. En sánscrito, dharma significa deber hacia los demás. Te plantea la pregunta, "¿Estás cumpliendo tu deber en la sociedad?" Cuando cumples con tu deber, tu dharma, en la sociedad, se te considera una buena persona. *Dharmraj* es la persona que cumplió su deber. En el *Mahabharata*, Yudhishtra tenía muchas malas cualidades, pero desafortunadamente, o afortunadamente, derrotó a Korvas. Todos sus fallos pasaron por alto porque era el vencedor. Fue un rey terrible, pero todavía fue llamado Dharmraj, la mejor persona en la Tierra. Él tenía una adicción al juego y apuestas que le hizo perder a su esposa y a su reino. Pero la historia deforma los hechos.

Cumple con tu deber y serás un Dharmraj. El dharma no está

relacionado con la religión. Si realmente entiendes este concepto, el dharma no es algo separado de ti. El dharma es como tu sangre, tus poros. Es tú mismo. Todo lo que hace que seas es el dharma. Si sigues el dharma, no cometes un error. El dharma es algo bueno para la sociedad, a diferencia de la religión. Superior a todo es la espiritualidad.

¿Qué raza es la mejor?

Mucha gente blanca considera que la raza blanca es superior. Pero si estás en Asia oriental, la piel amarilla es considerada como la mejor. Si vas a África, la piel negra se considera superior, y si vas a India, la piel morena se considera superior. Así se divide la raza humana por el color. La verdad es que no importa de qué color eres, el color de la sangre es el mismo. Ningún color ni raza es superior a otro. Todas las personas comen la misma comida, beben agua igualmente y tienen la misma sangre. La naturaleza ha hecho que seamos todos uno. Todos los seres humanos son uno, no importa de qué color son. La sociedad debe trascender el odio, el racismo, los prejuicios y estereotipos, y promover la unidad en su lugar.

¿Qué religión es la mejor?

La religión ha causado que el mundo sean un desastre. La religión pretende crear el efecto contrario: compartiendo compasión, amor, bondad y comprensión. Cada religión cree que es la mejor del mundo y hay cientos de ellas. El islam piensa que es el mejor, el cristianismo piensa que es el mejor, y así sucesivamente. La religión no es lo real; cuando las religiones se organizan en estructuras de gran alcance, ya no son religiones; se convierten en cultos.

A menudo, quienes critican el liderazgo religioso o la religión son perseguidos e incluso asesinados. Por ejemplo, en algunas naciones islámicas, si una persona critica el Corán, un líder religioso puede declarar *fatwa* contra su vida. Si una persona critica a Jesús, algunos cristianos desearán asesinarlo. Los cristianos olvidan que Jesús enseñó compasión, incluso para aquellos que critican. Los budistas y seguidores de Mahavir no gustan de la crítica tampoco.

Ninguna religión es superior a otra religión. Una persona, antes de seguir una religión, tiene el potencial de florecer. Pueden abrir su corazón a los derechos de los animales, de los pobres, etcétera. Su compasión será amplia y universal. Pero una vez que la religión se apodera de ellos, quedan encasillados. Sólo pensarán en ayudar a aquellos de su misma casilla. La Madre Teresa, la monja católica, fue un ejemplo. Sí, ella dedicó su vida a ayudar a mucha gente y su vida fue ejemplar, pero aún ella estaba en su casilla. Si alguien quería adoptar a un niño, ella se aseguraba de que fueran católicos. Padres potencialmente maravillosos no podrían adoptar, porque no eran católicos.

Digo que debes seguir los buenos consejos de los libros religiosos ya sea de los *Vedas*, el Corán, la Biblia y otros libros. No caigas en uno de ellos exclusivamente. Mantente abierto y aprenderás cosas buenas de todas las fuentes disponibles.

¿Quién es un ateo?

Muchas personas, particularmente los científicos, se declaran ateos. En su mente es imposible demostrar la existencia de Dios, el alma o la reencarnación. Están tratando de demostrar a Dios a través de métodos científicos.

El alma no puede ser demostrada. Atma es amorfa, y si no posee forma ¿cómo demostrarla? Tu cerebro tiene miles de millones de bits de información, pero es imposible probar su existencia; sin embargo, hay necesidad de probarlo. Es algo que ya sabes.

Un ateo piensa que no cree en la existencia de Dios, el alma o la encarnación. En realidad, un ateo y un teísta, son dos caras de una misma moneda. El ateo condena cualquier fe o religión organizada. Un ateo niega la existencia de Dios y del alma, y un teísta acepta la existencia de Dios y del alma. En realidad, un ateo puede sentir más curiosidad por Dios o la existencia que un teísta. Un teísta es simplemente un creyente. Todas las creencias son falsas, por lo que pueden cambiar de un día a otro. Significa que no eran eternas. Hoy puedes ser un cristiano y mañana podrías ser un budista. Pero, ¿adónde se fue tu creencia? Era falsa.

La persona que investiga sobre su verdadero yo es la mejor persona. Ser un ateo o un teísta no tiene sentido. La persona espiritual que está tratando de descubrir quién es realmente está en el camino correcto. Ser un ateo o un teísta no trae paz al mundo, por lo que es mejor ser una persona espiritual en su lugar.

¿Cuál es tu opinión sobre el uso de los libros sagrados en la

sociedad?

Los libros sagrados tienen valor en la sociedad. La moralidad, la honestidad y la conducta correcta son lo mismo hoy que hace dos mil años. Los libros sagrados arrojan luz útil sobre cómo vivir en sociedad y cómo detener las guerras entre naciones. También nos informan sobre cosas importantes como el karma y sus implicaciones.

El conocimiento que proviene de los libros puede inspirar. Sin embargo, los libros necesitan ser modificados según los tiempos con el fin de ser más relevantes. Jesús inspiró nuevas enseñanzas, y sus enseñanzas se convirtieron en el Nuevo Testamento. El Corán, que tiene muchos hermosos escritos, también contiene escritos que crean conflictos en la sociedad, como el concepto de *yihad*: concepto que defiende la lucha por los derechos de los individuos y los derechos de su nación, y si mueren luchando, irán al cielo y encontrarán allí a muchas vírgenes. Estas ideas deben ser modificadas ahora, porque en el momento en que el Corán fue escrito, la población de chicas era pequeña y cada una tenía varios maridos. Los tiempos han cambiado y han cambiado las necesidades de las personas. Los libros tienen que cambiar para satisfacer las necesidades de hoy. Los libros modificados todavía tienen valor porque están hablando para el presente. En el mundo islámico e hindú hay un esfuerzo por hacer cambios. El *Bhagavad Gita* fue modificado muchas veces. Esta es la razón por la que los hindúes son un pueblo pacífico.

Condeno sólo las tradiciones malas que se recomiendan en los libros porque no tienen valor. Además, no sabemos el origen de estas tradiciones.

Muchas tienen principios extraños. Incluso el poeta Kabir, hace 500 años, había condenado muchas tradiciones. Él dijo, "*Kya bahra huva marimba*", que se traduce como "¿Es sordo Allah?" Él criticaba la tradición musulmana de orar en voz alta. Lo que es bueno en los libros sagrados no necesita ser criticado; tiene valor. Pero algunas tradiciones han sido extrañamente alteradas y han tomado un giro equivocado. Las personas necesitan abandonar estas tradiciones y los libros deben modificarse. Una vez hecho esto, nuestras sociedades florecerán y la paz y el amor prevalecerán en todo el mundo. Podemos aceptar diferentes creencias. Los libros son como jardines con muchas flores diferentes; todos ellos tienen sus propias fragancias para ofrecer.

¿Los libros como la Biblia están inspirados por Dios?

Quién escribió los libros sagrados de la humanidad ha sido una cuestión enigmática durante siglos. En la antigüedad, cuando los líderes espirituales como Buda y Mahavir vivían, no había ningún sistema de escritura alfabética. Los libros como la Biblia, se compilaron y escribieron después de que los maestros partieron. Es interesante que la gente cree que Dios escribió la Biblia. Dios no tiene que escribir. Dios no es una persona. La gente cree que Dios dictó las palabras de los *Vedas*. En la mente de la gente, Dios es como un rey. Si elogias al rey, te recompensa, y si criticas al rey, te castiga. Esta creencia es tan fuerte que la gente piensa que los *Vedas* son las palabras de Dios, no un esfuerzo humano. Lo mismo vale para el Corán. Afirman que existe un Dios, Alá. Estas creencias siguen y persisten porque estos libros son muy conocidos y como se leen con frecuencia, han llegado a ser muy famosos. Estos libros son valiosos porque son antiguos y contienen cosas buenas. Sin embargo, Dios no inspira estas palabras o libros. Dios las inspiraría sólo si Dios existiera en forma física. La religión jainista dice que Tirthankar es el estado más elevado de conciencia. Los Tirthankars poseen un conocimiento completo de Dios, y tienen un cuerpo. Todo lo que hablan después de la iluminación, es verdad. Este no es el tipo de Dios en el que la gente cree. Si se dijera que el Nuevo Testamento contiene simplemente las enseñanzas de Jesús, no veríamos contradicciones entre éste y el Antiguo Testamento. Cuando se afirma que se trata de la palabra de Dios, como el Antiguo Testamento, entonces resulta contradictorio.

Es un error pensar que Dios habló directamente a las personas y que los libros sagrados son las palabras de Dios. Dios nunca habló, nunca hablará o inspirará los escritos de un libro.

Es mejor que una persona logre alcanzar la realización personal. Es entonces cuando sabrá la verdad. Se revelará la verdad a quienes se realicen. Dios no escribe ningún libro. Es una maldición creer en un libro. Si alguien cuestiona algo de un libro sagrado, se les considera el enemigo. Budistas, hindúes y jainistas tienen la suerte de no creer en solo un libro.

¿Dónde estuvo Jesús durante dieciocho años?

Jesús desapareció a los doce años de edad. No hay ningún registro de él en la Biblia durante dieciocho años. Reapareció cuando tenía treinta años. La iglesia sabe la verdad, pero no la divulgará porque la institución se derrumbaría si se conociera la verdad.

Sabemos que José era un gran hombre. No sólo salvó a Jesús, también salvó a María, madre de Jesús. Cuando la gente quiso lapidarla, José fue quien la salvó por casarse con ella. Jesús no era su propio hijo, pero lo amaba como su propio hijo. Quería que fuera educado, y el único centro de educación en aquel momento estaba en Nalanda, India. Como entonces no había fronteras y el comercio era abierto en todas esas áreas, José envió a Jesús a estudiar fuera. Comerciantes viajeros lo llevaron a la India. Él estuvo allí por un mínimo de dieciséis años. Fueron cubiertos todos sus gastos de vida y educación. José pensó que, puesto que Jesús era una persona muy brillante, con una buena educación podría convertirse en una gran persona. Hay registro y pruebas del tiempo de Jesús en Nalanda en un archivo en el Tíbet, donde se mantenían registros meticulosos y la firma de Jesús fue cotejada con otros registros. La iglesia sólo dirá que Jesús estuvo en Nazaret como pescador. No pondrá en riesgo su existencia ni su poder exponiendo los hechos.

Después de su formación, Jesús regresó y dio sus maravillosas enseñanzas humanitarias al pueblo. Eran revolucionarias, y cada vez que hay algo revolucionario, la gente se disgusta. La verdad es que Jesús era bien versado y bien educado en el único centro de educación gratuita en el mundo de aquella época. Hoy todavía están las ruinas de Nalanda.

¿Por qué los cristianos creen que todos los seres humanos son pecadores?

La doctrina cristiana del pecado alienta a los cristianos a despreciar a las personas. De esta manera, los cristianos están atrapados en sus iglesias y todas las iglesias acumulando riquezas. De esta manera, las iglesias reinan sobre el mundo. Esta ideología no ha cambiado todavía. ¿Quién es el Papa? El Papa es un gobernante y gobierna muy hábilmente. Es como un rey. El Papa y el Vaticano tienen más riqueza que muchos países. Las iglesias son las entidades más ricas del mundo. Desean hacer a todos los seres humanos pecadores para que puedan hacer a sus seguidores creer en Jesús. Se trata de una mentira perpetuada durante siglos, y cuando una mentira se dice tantas veces, la gente comienza a creerla como una verdad.

Un pobre hombre compró un cabrito y quería criarlo. Cargó esta cabra sobre sus hombros para llevarlo a su pueblo. En el camino, tres hombres con malas intenciones decidieron robarle la cabra al aldeano. Al pasar del aldeano cada uno le dijo lo hermoso que era su burro. El aldeano ignoró al primer hombre porque sabía que llevaba una cabra y no un burro. Cuando la segunda persona se acercó a él y repitió las mismas palabras, el aldeano comenzó a dudar de que tal vez llevara un burro, pero continuó. Cuando el tercer hombre se acercó a él, diciendo: cuan hermoso su burro era, empezó a creer que esto realmente no era un cabrito, sino un burro. Abandonó la cabra al lado de la carretera y la dejó. Se sintió insultado por los aldeanos, porque era vergonzoso para un hombre llevar un burro sobre los hombros. De esta manera, una mentira dicha una y otra vez se convierte en un hecho aceptado. La mentira dicha de que Jesús murió por nosotros se ha convertido en un hecho aceptado. ¿Y antes de Jesús? ¿Quién era el Salvador? ¿Quién salvaba a la humanidad entonces? La población del mundo no era cristiana ¿quién la salvaba entonces? ¿Cómo se salvaban los países no cristianos? Con el tiempo, estas mentiras se convirtieron en verdad para las personas. Se les ha hecho pensar que son pecadores, y agentes de la iglesia perpetúan estas mentiras. Mientras siguen ganando dinero del pueblo, les prometen la salvación. Ellos interceden por el pueblo para el perdón de sus pecados.

Ser humano es una bendición, no un pecado. Ser humano es la mejor oportunidad en la vida. Es la virtud más alta el haber acumulado el mejor karma para convertirse en humano. La vida humana es una bendición.

¿El cielo y el diablo existen?

No hay ningún diablo. Según el cristianismo y el islam, hay un Satanás que fue creado por Dios o fue un ángel caído. Si Dios es tan bueno y amoroso, ¿por qué crearía al diablo para hacer sufrir a la gente? A lo que los cristianos dirían: "Dios nos creó con libre albedrío". Esto significa que el Dios cristiano no tiene ningún poder sobre nosotros. Continuando con este pensamiento, Dios no tiene ningún control sobre alguien, así que entonces ¿por qué las personas tienen que orar a Dios? Nuestro libre albedrío nos hace más poderosos que Dios, y eso significa que no tenemos que orar a Dios. Me gusta la idea del libre albedrío porque la divinidad surge cuando se tiene una fuerte voluntad; ya eres Dios.

Con toda la verdad, el diablo y el infierno están en tu mente. Cuando estás deprimido o te sientes culpable, sufres mucho, te sientes como si estuvieras en el infierno. Debido a la avaricia, al tener posesiones y hacer que la gente sean tus siervos, como los reyes y sultanes que mantienen harenes, tu eres el que está creando al diablo. Lo que los cristianos llaman el infierno, los musulmanes *jahannum*, o lo que los hindúes llaman *narak*, no existe. El infierno y el diablo están aquí en la mente. Cuando haces cosas malas, como herir y matar gente o animales, estás creando un karma infernal. Tus ansias de venganza crean al diablo. Eso es el infierno y el diablo, no algo que exista en el mundo material.

KARMA

KARMA

La mayoría de los pensadores occidentales y orientales, así como la población en general, suelen confundirse sobre el concepto del karma. Están familiarizados con las nociones del buen y el mal karma, pero no con el concepto real. El concepto real del karma, no es solamente el resultado de la acción, la mente o los pensamientos. El verdadero karma se acumula. Para acumular el karma, se necesitan tres cosas: cuerpo, mente y habla. Alguien que hace cosas malas con el cuerpo físico, acumula mal karma, pero puede hacer cosas buenas y acumular buen karma. Si alguien utiliza lenguaje abusivo o dice algo perjudicial a otro, acumulará mal karma. Lo contrario puede decirse de alguien que usa un lenguaje dulce y compasivo; acumulará buen karma. Una persona puede tener pensamientos malos o buenos, y acumulará, respectivamente, karma malo o bueno. Estas son las causas principales, pero incluso el cuerpo, la mente y el habla no son suficientes para acumular el profundo karma bueno o malo que cambia la vida.

Para tener este tipo de efecto sobre alguien, se necesita algo más. Es el aspecto que los pensadores occidentales y orientales no consideran. El habla, la mente y el cuerpo simples no son suficientes para traer resultados en relación con los karmas serios. La cuarta cosa necesaria para producir un resultado serio en el karma, es la *intención*. La intención es lo más importante. Determina si el resultado tendrá un efecto bueno o malo en la vida. Si tu intención es herir a alguien, y disfrutas lastimar a esa persona, acumularás un muy mal karma, con resultados que serán igualmente graves. Incluso si una persona, intencional o conscientemente, piensa en lastimar o matar a alguien, empieza a juntar karma grave con resultados igualmente graves. Si estás tratando de herir a alguien intencionalmente por medio de tus palabras, acumularás mal karma en abundancia. Por otro lado, se puede decir lo contrario al mantener el cuerpo, la mente y el habla en una buena intención. Si uno participa activamente en buenas acciones, pensamientos y palabras, junto con buenas intenciones detrás de ellos, uno recogerá buen karma. Es por esto que la intención es muy importante.

A veces las personas participan en enfrentamientos en los que alguien es asesinado, pero la persona que ha peleado o matado, puede no acumula karma muy grave. En este caso, su intención era defenderse, no matar. Este es un ejemplo de un dicho en sánscrito: *bhavana bhav naashini*: si tu intención es pura, tu ciclo de nacimientos y vidas llega a su fin. Tu sufrimiento ha terminado. Siempre recuerda mantener tus intenciones puras.

Además de mente, cuerpo, discurso e intención, todavía hay algo muy importante que puede llevarte a un lugar de sufrimiento: las actividades mentales. Si alguien está inmerso en actividades mentales, día y noche, haciendo planes para lastimar o matar a alguien, acumulará inmenso karma negativo por cada hora que pase haciendo esto. Las actividades son más peligrosas que tus acciones, pensamientos y palabras. Por lo mismo, si alguien logra controlar sus actividades mentales, especialmente las malas, ya está de forma segura en el camino al despertar. Una vez que detengas o reduzcas la cantidad de actividad mental, empezarás a detener la recolección de ese karma. Una vez que dejes de acumular karma, podrás comenzar a trabajar en el karma que ya te rodea haciendo *sadhana, tapas* o *japas*. Cuando dejes de acumular karma y quemes el viejo karma, serás libre un día. Tu alma estará despierta.

Hay muchas categorías del karma, pero hay ocho tipos principales de karma. En primer lugar, está el que impide que el conocimiento, *jnanavarniya karma*. En segundo lugar, está el que cubre tu visión correcta o fe, *darshanavarniya karma*. El tercero, te mantiene atado a las cosas, encerrado en una caja muy fuerte de apego y es el *mohniya karma*. El cuarto, es *antraya karma*. Este karma puede impedir que las cosas buenas estén a tu alcance y que logres mantener las bendiciones de tu vida. Es uno de los principales bloqueos a experimentar prosperidad y cosas buenas.

Los últimos cuatro no son tan fuertes como los anteriores. Son: *nam karma*, que hace que tu nombre sea popular de una manera buena o mala. A continuación, está *gotra karma*. Este karma determina si una familia o dinastía será reconocida y de élite, o empobrecida y mala. *Vedniya karma* puede afectarte de dos maneras: puede traer felicidad o infelicidad. El último es *aayushya karma*. Éste decide cuánto tiempo vivirás en esta vida.

Una vez que el alma sea libre de las garras del karma, despertará. Así es la manera que realmente debe ser.

¿El kriya yoga quema karma?

Kriya yoga no quema karma. Más bien, se queman las toxinas del cuerpo. Al inhalar oxígeno, quemas toxinas y te mantienes sano. Una persona sana, tiene que aprender otro proceso para quemar karma, como meditación o samadhi. Sin embargo, lo que es interesante, es que la mayoría de la gente no aprende el primer paso del yoga, *yama* o el segundo paso, *niyama*.

En *Yama* hay cinco cosas:

1. No-violencia

2. Veracidad

3. No robar

4. Conducta recta

5. No posesión

¿La gente llega a aprender estos pasos? Muchos simplemente saltan a las posturas de yoga sin nunca entrar en meditación. Como parte del primer paso de yama, no-violencia, uno debe convertirse en vegetariano. Las personas que quieren quemar su karma deben aprender que es fundamental dominar los dos primeros pasos, *yama* y *niyama*. *Niyama* son los tipos de disciplina que nos hacen centrarnos en el objetivo de alcanzar el más alto estado de consciencia. Hay que aprender primero estos dos pasos. No saltar al tercero o al séptimo. Si saltas demasiado pronto, caerás. Es mejor proceder gradualmente y llegarás a tu meta.

¿Se acumula karma si uno es ignorante?

Todo el mundo acumula karma, ya sea de manera consciente e

inconsciente. Supongamos que un bebé pone el dedo en el fuego. ¿El fuego no quema su dedo? Aunque ignore qué es el fuego, éste no distingue entre alguien que lo conoce y alguien que no. El fuego quemará de todos modos. Lo mismo es cierto del karma. Al karma no le importa. Lo acumulas sin importar si eres o no eres consciente de ello. Al ser ignorante, acumulas aun más karma. Los niños cuando están jugando pueden ver insectos y matarlos. No saben las consecuencias de sus acciones, pero sin embargo toman la vida de los insectos. Por lo tanto, están acumulando mal karma. Debido a su ignorancia, no acumulan karma fuerte, lo que significa que no obtendrán un resultado muy malo por sus acciones. Cuando se daña o mata a sabiendas, se obtendrán resultados negativos multiplicados mil veces. De la misma manera, si una persona a sabiendas hace algo bueno, atraerá resultados positivos multiplicados por mil veces. Si se hace el bien sin saberlo, también se obtendrán buenos resultados, pero no en la misma medida que cuando se realiza de manera consciente.

La ignorancia es la raíz de la acumulación del karma. Aun sabiendo que obtendrán mal karma, la gente sigue hace cosas malas. Estas personas están en estado de sueño. Viven en un mundo de sueño y continúan acumulando mal karma. A sabiendas o sin saberlo el matar *es* matar; el resultado es casi el mismo. Muy buena fortuna, en cambio, seguirá a quien hace cosas buenas a sabiendas.

Si alguien guía mal a otros, el o ella acumulará mucho mal karma, porque el guiar por el mal camino es peor que el engaño. Si un gurú guía mal a la gente con la pretensión de ser un iluminado, aumentará el karma negativo del gurú. Si tus intenciones son buenas, no acumularás mal karma. Un niño que mata un insecto no tiene malas intenciones porque no sabe lo que significa la muerte. Así que, por ser ignorante, no puede acumular un karma grave, y su vida no retrocederá en futuros nacimientos. Solo los adultos que hacen cosas malas a sabiendas o sin saberlo, acumulan tanto karma que puede revertir el progreso de sus vidas y descenderán, de la vida humana a la de un animal o a la existencia de un insecto. Esta es la principal diferencia.

¿Un alma elige a sus propios padres?

Se trata de una pregunta relevante para hoy. Todo el mundo se pregunta por qué nació de sus padres particulares. Los niños piensan que sus padres no son lo suficientemente buenos. Comparan a sus padres y les parece que los de otros son mejores.

El alma sí tiene la libertad de elegir a sus propios padres. Pero a veces el karma te lleva a tus padres. Si tu karma es malo, no tienes la libertad de elegir. Si, por ejemplo, el presidente de un país poderoso se convierte en un dictador y provoca una guerra, cuando la guerra no se justifica, y millones o miles de millones de personas son afectadas a consecuencia de ello, entonces este tipo de karma hará que no pueda seleccionar a sus padres y acabará con unos padres abusivos o malos. Las personas en los más altos cargos de poder necesitan ser muy cuidadosos sobre cómo utilizan el poder militar.

Cuando estás en el camino correcto de la espiritualidad, acumulas buen karma. Te conviertes en el líder de tu propia vida y te mejoras a ti mismo. Y cuando un maestro iluminado te puede guiar en tu camino, comienzas a atraer buen karma. Esa fuerza no interferirá contigo. Tendrás la opción de elegir a tus padres.

Ser siempre positivos y cada vez menos negativos. Un día, se disolverán todas las negatividades. Cuando estás en ese estado del ser, tu alma permite elegir a tus padres. Tendrás un buen ambiente en tu infancia y a lo largo de tu vida. Sé bueno y podrás dirigir tu vida. Cuando el alma es la fuerza principal, eliges a buenos padres y estarás en contacto con aquellas personas que pueden guiarte en el camino correcto.

¿Por qué las personas espirituales siguen acumulando karma?

Una persona espiritual puede seguir acumulando karma, pero no un iluminado, porque una persona espiritual todavía se encuentra en el camino. No ha alcanzado todavía el nivel más alto. En el camino de una persona espiritual, hay distracciones y viejos hábitos que no se han disuelto. Esas son las caídas de la vida que conducen a acumular karma. Una persona espiritual acumula más buen karma porque sus intenciones son puras. Esto no permite que predomine el mal karma.

Por ejemplo, una persona camina descalza y sin conciencia. Hay hormigas en su camino y las aplasta. Otra persona, camina el mismo camino, encuentra muchas hormigas e insectos, pero está observando lo que hay en su camino. Camina con conciencia y trata de salvar a las hormigas. Aunque mate algunas, no está acumulando mal karma. Su intención es pura, salvar la vida de las hormigas. La primera persona, aunque pudiera no matar a ninguna hormiga o insecto, acumulará mal karma debido a su falta de conciencia. La intención es lo principal. Según la religión jainista, la intención se llama *leshya* o sentimiento interno. Si tus pensamientos son puros, no estás recolectando karma. Si tus pensamientos son malos, alguien puede recoger tus pensamientos y llevarlos a cabo. En nuestro sistema judicial, sólo la persona que hace daño físico es castigada. Sin embargo, según la ley del karma, la persona que tiene esos pensamientos dañinos es la culpable. Mantén tu intención pura para no recolectar mal karma. Una vez que se elimina el mal karma, tu vida es buena. Tu sufrimiento se ha ido. Tendrás menos estrés, menor tensión y no serás presa de la depresión. Tu vida será tranquila y fácil.

¿Cuáles son los efectos kármicos de tener un aborto?

A pesar de que el aborto es algo malo, si es legal en un país, la gente no se siente culpable por ello. Pero cuando es ilegal, si genera culpa. Los sentimientos de culpa son un pecado. Tener un aborto es matar a un ser vivo, a pesar de que el bebé no se haya desarrollado. Partes del cuerpo, conciencia y alma están presentes, pero están todavía en proceso de desarrollo. Las células de un feto se están multiplicando continuamente. En dos meses, los órganos y el cerebro no se han desarrollado. Dependiendo de cuándo tenga lugar el aborto, la persona acumula un grado proporcional de efectos kármicos. Un aborto a los cuatro meses lleva a efectos kármicos mayores porque ya está formado el cuerpo. A los siete y ocho meses, una madre acumulará muchos malos efectos kármicos si tiene un aborto. Aunque no apoyo el aborto en lo absoluto, a menos que la vida de la madre esté en riesgo, en general tendrás menos efectos kármicos malos cuando el aborto se lleve a cabo en las primeras etapas. Aunque mi sugerencia es, si no quieres un bebé, estoy seguro de que otra madre que es incapaz de dar a luz sería muy feliz de adoptar, cuidar y amar a tu bebé.

Recuerda que, siempre que mates, tu alma puede caer a un nivel inferior, de humana a animal. Lo mejor es cuidarte para no quedar embarazada. Te quedas en el ciclo de nacimiento y muerte. Sé prudente sobre sus decisiones.

¿Qué es la cámara kármica?

La *cámara kármica* es un cuerpo sutil. El cuerpo físico carga unos cuerpos sutiles llamados *Shuksham Sharira*. El cuerpo sutil es como un cuerpo astral, que es como el aire. El cuerpo sutil kármico y el cuerpo sutil fuego son como la luz. El cuerpo de la cámara kármica es como una cámara de alta definición con un chip de computadora que contiene billones de bits de información. Es invisible al ojo, pero aun así es un cuerpo. Al llegar a la conciencia más alta, puedes empezar a ver tu cuerpo sutil.

Se han desarrollado cámaras que detectan auras. Un aura es un cuerpo de luz, y todo el mundo tiene uno.

La cámara kármica siempre toma fotografías de tus pensamientos, acciones y sueños, independientemente de si son buenos o malos. La función de la cámara kármica es solo fotografiar. El cuerpo de fuego es el que coloca los karmas buenos y malos en sus posiciones. Llegará el momento en el que los chips de los seres humanos puedan ser cambiados mientras la persona permanece igual, y pueda contener más información en el futuro.

El sonido de las palabras se mantiene en el universo. En algún momento en el futuro, podremos captar el sonido y las palabras habladas por un maestro con por medio de una cámara. Sabremos qué sonidos existieron en qué tiempo. Se revelará la verdad. Seremos capaces de demostrar si Krishna habló alguna vez en un lugar determinado. La cámara kármica capta todo, y hasta el momento en que esta cámara esté vacía, no podrás terminar tu ciclo de nacimientos y muerte. Deambularás y sufrirás en el mundo. Una vez que esta cámara está completamente vacía, una persona logra el *Nirvana* o *Moksha*, o la liberación total. Necesitas darte cuenta de ello.

Cierra los ojos y adéntrate en tu ser. Puedes conectar con tu cuerpo sutil. En profunda meditación, puedes conectar con tu cuerpo sutil y salir de tu cuerpo físico. Tu cuerpo sutil puede estar contigo. No necesita oxígeno ni alimentos.

Sé consciente de tus pensamientos, porque la cámara kármica está contigo. Es un cuerpo sutil y registrará todos tus pensamientos. Y el otro cuerpo sutil, el cuerpo de fuego, los procesará en categorías de karma bueno o malo. Fuera del proceso, cosecharás los resultados según tus pensamientos.

¿Qué puede decirnos acerca del karma?

Las buenas acciones traen buen karma y las malas acciones traen mal karma. El mal karma trae sufrimiento, el buen karma trae felicidad y prosperidad. El buen karma puede hacer la vida fácil. Para acumular el buen karma, tus intenciones deben ser puras. Por ejemplo, si un mendigo en la calle se acerca a un accidente y hace todo lo posible por ayudar poniendo todo su empeño, acumula buen karma. No tiene dinero y tal vez no pueda proporcionar ayuda material a los heridos, pero sus intenciones son muy puras. Significa que su alma está mejorando y puede reaparecer como una persona mejor en su próxima vida.

La teoría kármica funciona de esta manera. No hay un Dios que está diciéndonos qué hacer. No hay ningún Dios todopoderoso, porque un Dios todopoderoso no permitiría que sufriéramos, como un padre no deja sufrir a sus hijos. Un padre sacrificará cualquier cosa para salvar a su hijo del dolor. Se trata de un padre común, no de un padre todopoderoso. ¿Cómo puede un padre todopoderoso permitir que sus hijos sufran?

Esta idea del Dios que las iglesias, sinagogas y templos perpetúan es para conseguir apoyo a sus instituciones. Si esta idea se abandonara, no habría ninguna institución de la religión. Así que la verdad se mantiene oculta y se persigue a quienes dicen la verdad. Es responsabilidad de la persona que conoce la verdad el contarla. De lo contrario es un mentiroso, y un mentiroso, según la Biblia, se quemará en el infierno.

Dios existe, pero no es todopoderoso como se describe habitualmente.

Dios tiene poder, y podemos beneficiarnos de ello. Dios no te orienta a hacer lo correcto. Tenemos que ser lo suficientemente sabios como para saber y hacer lo correcto. Aquellos que no son sabios únicamente rezarán, pero la oración no te ayudará. Tienes que actuar. Tenemos que cambiar nuestras ideas y aprender lo que es correcto. No sufrimos cuando hacemos lo correcto. Al realizar la acción correcta dejaremos de culpar a Dios cuando las cosas no marchen bien.

Tu propio karma te hace rico o pobre, no Dios. Siempre estás acumulando karma. Hay algo como un chip electrónico dentro de ti que contiene billones de bits de información. Tu cámara kármica interna está capturando tus acciones y pensamientos en cada momento. Te mostrará el futuro. Mantente alerta y no acumularás mal karma. Siempre ten buenos pensamientos, buenas intenciones y haz buenas obras. No lastimes ni dañes a nadie.

¿Cuáles son sus comentarios sobre las vidas pasadas y la reencarnación?

Hasta hace poco, los países occidentales no estaban familiarizados con las vidas pasadas. Ahora hay curiosidad al respecto. Hacen preguntas como *¿hay otras vidas además de ésta?* Tratan de conectarse a sus vidas pasadas, pero pueden utilizar mal las técnicas para hacerlo. El maestro transmitirá estas técnicas al discípulo porque puede confiar en él.

Casi todo el mundo tiene experiencias con vidas pasadas, especialmente durante la infancia. Los bebés sueñan con ellas. Los padres pueden ayudar a sus hijos y enseñarles cómo recordar sus vidas pasadas.

En la meditación, pueden ser experimentados vistazos de vidas pasadas, a través de imágenes. Una técnica para conectar con tu vida pasada es a través de la respiración fuerte. Es una técnica difícil, pero pueden aparecer destellos. Enseñamos esto en Siddhayatan. Cuando una persona practica ciertas posturas, el mecanismo involuntario del cuerpo puede asumir el control conduciendo a experimentar estas cosas.

Las experiencias pueden venir a través de los sueños o de conocer a alguien, encuentros con un animal o visitar otro país. Uno puede experimentar una sensación familiar en un lugar en que nunca ha estado.

Meditación, sueños, posturas, y respiración son los medios por los cuales se puede experimentar el recuerdo de vidas pasadas. Cuando sueñas, mantén la atención y te será posible la conexión con otras vidas. Una vez que conectas con tus vidas pasadas, sabrás qué hacer en esta vida. Evitarás los errores del pasado. Puedes mejorar tu vida actual a través de este conocimiento. Deja que los recuerdos lleguen a ti. Estos son un espejo para ti, uno en el que podrás ver tu vida.

¿Por qué millones de personas mueren a causa de la guerra?

Estados Unidos usó la bomba atómica en Japón durante la II Guerra Mundial. Es la única vez que la bomba atómica ha sido utilizada. Estas bombas cayeron en las ciudades de Nagasaki y Hiroshima, no de Tokio. Hay una razón para ello. La verdad es que no se trataba de una coincidencia. En las ciudades de Hiroshima y de Nagasaki vivía la clase samurai de personas. Eran un pueblo orgulloso y egoísta. Al perder, iban a matarse a sí mismos, porque la derrota lastimaba su ego y su orgullo. En la historia de Japón, cuando el ego era herido, la gente cometía suicidio. En estas ciudades, muchos ya estaban listos para quitarse sus propias vidas, porque estaban al borde de la derrota. Sucedió que las bombas cayeron allí. Las acciones de Estados Unidos estaban equivocadas, pero el pueblo estaba listo para suicidarse. Así que, mirando el asunto en términos generales, debía suceder de esa manera.

Ahora ¿por qué sólo los judíos y algunos otros grupos murieron en los campos nazis? ¿Por qué cientos de miles de iraquíes murieron en la guerra de ese país? ¿Por qué murieron un millón durante la separación de la India? No es una coincidencia. La verdad se oculta. Hay que decir primero que yo condeno las acciones de Hitler. Permítanme explicarles los hechos detrás de estos asesinatos masivos. Antes de Jesús, había muchos maestros. Los paganos, judíos y gente de otras religiones mató a todos los maestros y miles apoyaron esos asesinatos. Si matas a un maestro, va a nacer una y otra vez en países inestables y serás asesinado cada vez. Las personas que matan a los maestros, y quienes apoyan los asesinatos, acumulan muy mal karma. Sus karmas se repiten una y otra vez, debido a lo cual, mueren miles de personas en esos lugares peligrosos. Si matas a un maestro espiritual como Jesús, acumulas enorme karma negativo. No es casualidad. Necesitamos saber esta verdad. Por lo tanto, millones de personas pueden morir al mismo tiempo, una y otra vez, como una forma de karma colectivo por matar a un maestro espiritual.

¿Por qué hay personas que nacen sordas?

Las personas no son conscientes de la ley del karma. Muchas personas piensan que la sordera es una coincidencia. Los médicos lo atribuyen a la falta de un cierto elemento genético en el cuerpo de la madre.

La ley del karma dice, "Lo que siembres, cosecharás." Nadie nace sordo a menos que haya acumulado ese tipo de mal karma en vidas pasadas. Permítanme compartir con ustedes una historia.

Hace unos 400 años, durante el reinado de Mogul en la India, el cuñado del rey fue nombrado gobernador del estado de Jammu Cachemira. Se inició como un buen gobernante, pero un día, comenzó a beber, apostar y descuidar los asuntos públicos. Comenzó a destruir su estado. Los súbditos, cansados de esto, se dirigieron al rey con sus reclamaciones. El rey decidió visitar el estado y celebró una audiencia pública. Muchos se quejaron de que el gobernador había matado a sus hijos e hijas, y torturado a mucha gente. Un incidente de los que se enteró así el rey, era terrible:

El gobernador tenía una fiesta y había muchas cosas maravillosas para comer y beber y hermosa música. Después de un tiempo, el gobernador se sintió soñoliento y ordenó a un guardia detener la música. Pero el guardaespaldas lo olvidó, porque estaba disfrutando de la fiesta. Más tarde, el gobernador le preguntó por qué no había seguido sus órdenes para detener la fiesta y la música. El guardia respondió que la música era dulce y hermosa, y que se dejó llevar por ella y olvidó completamente la orden. El gobernador preguntó: "¿tanto te gustó?", "sí Señor," respondió el guardia. El gobernador ordenó entonces a otro guardia verter acero líquido caliente en los oídos del guardia desobediente, y murió.

Una persona como el gobernador acumula muy mal karma, y no solamente nacerá sordo, sino que sufrirá toda la vida de otras maneras. Mahavir también sufrió de este tipo de abusos. Alguien puso un palo en su oído mientras estaba en meditación. Aun así, Mahavir no reaccionó porque sabía que eso había sido resultado de su karma.

El karma no te dejará en paz si llegas a ese grado de crueldad. Tienes que darte cuenta que si alguien nace sordo, es por karma. Nunca vayas a ese extremo, ni siquiera en tus pensamientos. Nunca te burles de una persona sorda. Eso lastima a la persona sorda y a ti te generará mal karma, también. Una persona sorda puede mejorar su vida, si encuentra la guía correcta.

¿Cómo termina el ciclo del renacimiento? ¿Viven las almas para siempre?

El alma es eterna; vive para siempre. Por medio de la práctica espiritual, *sadhana*, el ciclo de nacimientos y muerte puede ser detenido. Debes atravesar por la práctica bajo la guía de un maestro. Si no encuentras la dirección correcta, el ciclo nunca se acabará.

Para terminar el ciclo, se deben vaciar todos los karmas. En el ejemplo siguiente se aclarará esto. Hay un estanque lleno de agua que deseas vaciar. Empiezas a drenarlo, pero no detienes el abasto del agua. Nunca estará vacío. Te estoy dando la técnica para cerrar todas las fuentes de agua, o mejor dicho, *la afluencia de karma*. Una vez que la encuentras, puedes cerrarla. Esto se llama *ashrava*, el karma está fluyendo en tu alma, y tu alma es presa de ese karma. Una vez que las fuentes están cerradas, el alma es libre de karma, y una vez que el alma es libre, no es necesario ya el renacimiento. Te has convertido en *siddha*, un alma liberada.

Los buscadores auténticos buscan maestros para conseguir la orientación individual que necesitan. Hasta que se disuelvan los karmas, el alma no es libre. Puede aprender cómo se puede eliminar hasta el karma más sutil. Esta sutileza no es algo visible como la ira o el amor, que se muestra en el rostro de una persona. Cuando una persona ha eliminado todo el karma y se convierte en un siddha, no hay ninguna señal visible a nivel físico. En los ojos de esa persona, sólo hay vacío, el cual es infantil, inocente, relajado y flexible. Al alcanzar esa conciencia más alta, sabrás que este ciclo de nacimiento es el último.

No desperdicies tu vida preciosa. Inicia de inmediato a buscar al guía correcto que te dará la práctica correcta para acabar tu karma. Esta podría ser tu última oportunidad en un cuerpo humano. Necesitas poner mucho esfuerzo en poner fin a tu sufrimiento y liberarte del ciclo de muerte y renacimiento.

SOCIEDAD

¿Las drogas nos pueden ayudar espiritualmente? (149)

¿Tienes que estar casado para tener hijos? (150)

¿Existen los extraterrestres y los ovnis? (151)

¿Qué opinas de la astrología? (152)

¿Habrá un "fin del mundo"? (153)

¿Qué piensas de dar dinero a los vagabundos? (154)

¿Los psíquicos son una forma de espiritualidad? (56)

SOCIEDAD

La estructura de la sociedad ha cambiado enormemente desde el inicio de la humanidad. Si comparamos la sociedad del mundo antiguo y la sociedad actual, consideramos a este último como civilizada, a pesar de que hemos olvidado nuestro instinto, intuición y nuestros poderes naturales. Todavía hay en el mundo quienes viven en tribus, en lugares como África. Aquellos de nosotros que no vivimos de una forma simple como las tribus, aun así nos consideramos civilizados. Sólo somos civilizados en que hemos sido capaces de crear grandes guerras. Los hombres tribales sólo tenían pequeñas peleas. La estructura de la sociedad en su conjunto, no es lo que debía ser hoy.

La estructura actual de la sociedad está llena de normas y regulaciones, pero no hay suficiente conocimiento. Nuestra sociedad carece de conocimientos. Las personas en la sociedad deben ser educadas sobre los efectos nocivos del alcohol, las drogas, y de cualquier otra sustancia que causa alucinaciones o adicciones. Necesitan saber que estos efectos no son buenos.

Nuestra sociedad civilizada produce juegos violentos y, películas como el *Terminator*, y creemos que nuestros hijos vivirán en una sociedad pacífica. ¿Cómo es esto posible? Con el fin de que vivamos en la mejor sociedad, la más civilizada, la sociedad debe construirse sobre una base de una buena educación. Una buena educación no sólo incluye asignaturas como matemáticas, ciencia e historia, sino también una educación espiritual. Si la espiritualidad está presente y se practica en la vida de un niño desde su nacimiento, a través de la meditación, recitar mantras, o simplemente quedarse callado durante cinco minutos, la mente del niño estará tranquila y apacible, y será muy productivo de una manera positiva.

Una sociedad verdaderamente civilizada no necesita un ejército o fuerzas armadas. Las civilizaciones antiguas como la Sindhu no las necesitaban. Es a eso que tenemos que regresar. En la civilización Sindhu, las personas eran seguidores de la tradición samánica, y convivían pacíficamente en las ciudades de Mohenjo-Daro y Harappa. Los Samanas de aquellos tiempos, enseñaban meditación a la gente, e hacían muchas prácticas espirituales, tales como *japas* y *tapas*. Eran muy tranquilos. No había ningún ejército ni policía en estas civilizaciones.

Si todos fueran capaces de tener una educación adecuada desde niños, nuestra sociedad sería verdaderamente civilizada. Entonces podríamos decir con orgullo que vivimos en una sociedad civilizada. En una sociedad civilizada, necesitamos tener buena literatura, educación e historia, porque eso es lo que mantiene la sociedad equilibrada y exitosa. Lo mejor para ayudar a la sociedad a llegar a este lugar es por medio de los Samanas. Afortunadamente, hay todavía algunos de ellos. Las tradiciones de los verdaderos Samanas están todavía vivas. La primera de ellas es el jainismo, y la segunda es el budismo. Ambas enseñan, de una forma u otra, meditación y paz. Aunque en estos días la mayoría de los seguidores están más interesados en sus aspectos religiosos, y han olvidado lo espiritual, sin embargo, todavía hay algo de verdad en ellas.

Las estructuras de las sociedades pueden mejorarse con la meditación y las prácticas de espirituales. Una sociedad real no necesita religión. La religión encasilla a las personas, las limita en muchas formas. Las enseñanzas espirituales hacen a la gente libre como pájaros. Necesitamos esta revolución en la sociedad para que sea lo mejor que puede ser. Hacerla como solía ser, pacífica y tranquila. Cuando exista, y si ese tipo de sociedad existiera en esta tierra, entonces será el paraíso.

¿Las drogas nos pueden ayudar espiritualmente?

La mayor parte de los estudiantes occidentales de espiritualidad tienen una impresión equivocada sobre el tema de las drogas. Algunos saben que Shiva utilizaba dhatura, un veneno lento que produce delirio... Preguntan por qué no usar mariguana si Shiva utilizaba dhatura. Shiva solía vivir en el Monte Kailash, que forma parte de la cordillera del Himalaya, y que por lo general está congelado. Shiva vivía expuesto a temperaturas extremadamente frías. Estaba desnudo, excepto por la piel de un leopardo, y siempre estaba en meditación. La gente de hoy en día no vive en esas condiciones extremas de frío. Pero justifican el uso de la mariguana, citando a Shiva como ejemplo. En realidad, son adictos a esta droga. Si usas mariguana para la espiritualidad, estás en el camino equivocado. La mariguana es una hierba muy adictiva que te pone bajo su influencia.

Tomar drogas no te hace espiritual, aunque es posible que experimentes cosas inusuales bajo su influencia. No puedes experimentar meditación con la mariguana. No estás conociéndote a ti mismo cuando usas drogas. Simplemente escapas temporalmente de tus dificultades.

Todas las drogas son perjudiciales. Mira la anestesia; te vuelve inconsciente completamente durante muchas horas, y en ese tiempo, no tienes conocimiento de nada.

Aquellas personas que sufren de dolor severo pueden usar legítimamente la mariguana, pero una persona sana y normal debería evitarla. No la utilices en nombre de la espiritualidad. Esta droga es un cáncer en nuestra sociedad y debe ser eliminada. Un buscador de la verdad siempre se mantendrá lejos de ella.

¿Tienes que estar casado para tener hijos?

Muchos niños en los Estados Unidos y Europa están siendo criados por un padre soltero, generalmente la madre. Los niños sufren porque los padres no están comprometidos con un matrimonio, y el padre sin la custodia se ve obligado por los tribunales a pagar la manutención de los menores. Dentro de un matrimonio comprometido, la familia no pasa por esta mala experiencia. Por el bien de la sociedad, un hombre y una mujer deben casarse, o al menos vivir juntos cuando crían a los hijos. Un niño está completo cuando tiene ambos padres que viven juntos. Los niños son muy sensibles y perciben que algo falta en la vida de una familia cuando no están presentes ambos padres. Es especialmente importante en la primera infancia que el padre y la madre vivan juntos.

Además, más allá de ser simplemente un pedazo de papel, el matrimonio debe proporcionar armonía mientras los padres están criando a los niños. Al ser alimentado de esta manera, un niño crecerá siendo alguien útil en la sociedad. La presencia de ambos padres enseña a los niños por medio del ejemplo.

La sociedad se ha vuelto violenta debido a la falta de una buena fundamentación en el hogar durante los años formativos del desarrollo del niño. Hay carencia de amor de parte de los padres. Es el momento de que las familias se reúnan otra vez. Los tribunales están reconociendo esto y se niegan a conceder el divorcio tan fácilmente, tratando de ayudar a las familias a reconstruirse a sí mismas. Las buenas familias tienen buenos valores. Una madre debe tener buen juicio acerca de tener hijos. Necesita ser sabia. Después de todo, una madre es la primera maestra del niño. Es muy importante para una buena sociedad, una nación buena y un mundo mejor, que los buenos valores se establezcan dentro de las familias.

¿Existen los extraterrestres y los ovnis?

Los objetos voladores no identificados, también conocidos como ovnis, son una idea equivocada, ya que no existe ninguna evidencia sólida de ellos. Con nuestra tecnología avanzada, pudiéramos identificar y fotografiarlos de inmediato, si realmente existieran. Lo que la gente ve como ovnis son formaciones de luz en el cielo, aviones, estrellas y otras materias del espacio.

Aunque no existen los ovnis, los extraterrestres sí. Los extraterrestres son básicamente los seres humanos de otro planeta. Si por casualidad aterrizáramos en otro planeta donde vivieran seres humanos, nos considerarían extraterrestres. Lo que no nos es familiar, es alienígena. Así como viajamos en el espacio buscando respuestas, los extraterrestres podrían viajar a otros planetas, buscando respuestas para enviar de vuelta al planeta del que vienen. Sin embargo, debido a las limitaciones de la tecnología de los extraterrestres, aún no logran llegar a la Tierra.

¿Qué opinas de la astrología?

La astrología védica es parte de la cultura india. Es una carta de doce casas asociadas con diferentes planetas, cuyos movimientos nos afectan. En el momento del nacimiento, las diferentes posiciones de los planetas afectan al cuerpo. Dependiendo de los ángulos de los planetas, la gente puede experimentar prosperidad o dificultad. Si una persona prospera, y decimos que ha nacido "bajo una buena estrella" y bajo "mala estrella" si experimenta mala suerte. Los astrólogos han observado por miles de años el movimiento de los planetas y concluyeron que, cuando ciertos ángulos y movimientos de los planetas se repiten en el tiempo, incidentes similares han sucedido a las personas en la Tierra.

Pero esto no es necesariamente verdadero o exacto. Por ejemplo, el día que los astrólogos predijeron que Rama iba a ser coronado rey, él fue exiliado en realidad. La astrología no funcionó en este caso.

Hay una idea errónea sobre la astrología. Es seguro que, con el movimiento y la presencia de los planetas en ciertas posiciones, su energía nos va a afectar. Su energía es lo que nos está afectando ahora. Saturno puede afectarte llevándote por el camino equivocado. Mercurio puede afectar tus asuntos de negocios. Júpiter afecta a la educación superior.

Supongamos que estás en la escuela y estás trabajando duro, pero sin éxito. Significa que te falta la energía de Júpiter. Un astrólogo te sugerirá usar una piedra como topacio o citrino. Esa piedra se convierte en un canal para la energía de Júpiter, y te ayudará a absorber el conocimiento. Para el Sol, la piedra es el rubí. Para la Luna, las perlas. Para Mercurio, la Esmeralda. La piedra de Venus es el diamante y la de Saturno es el azul zafiro. Estas energías se acumulan en nuestro cuerpo y trabajan en nuestro beneficio. Para una persona que es muy emocional, usar perlas la equilibrará gracias a la energía de la Luna.

La astrología funciona cuando sabes lo que falta en tu cuerpo, y puedes tomar medidas para equilibrarte con las piedras adecuadas. Las piedras atraerán esa energía que te falta. Cuando este método es seguido en la astrología, funciona el 70 % del tiempo. Tómate el tiempo para investigar y aprender sobre esto, para ayudarte a ti mismo y evitar el riesgo de consultar a un astrólogo que no sepa cómo calcular tu carta.

En última instancia, sin embargo, no vivas tu vida basada en el destino y predicciones inexactas. Toma el control de tu vida. Cambia tu vida.

¿Habrá un "fin del mundo"?

Muchas religiones predicen el fin del mundo. Se han previsto muchas cosas, incluyendo la desaparición de California. Pero sabía que aún estaría yo aquí y también tú. No hay ningún fin del mundo. Los planetas son a veces parcialmente destruidos, pero nunca totalmente. Las personas se beneficiarán de estas falsas predicciones, pero no se harán realidad. El mundo sigue en pie.

También son falsas las predicciones bíblicas y mitológicas. Aquellos que creen en el fin del mundo llegarán a su fin ellos mismos. Una vez terminada su vida, pensarán que ha terminado el mundo. En Japón, hubo una religión en la que sus seguidores se suicidaron porque creían que el mundo estaba terminando. Hoy en día, muchas religiones predicen el fin del mundo en el año 2012. Pero yo te digo que yo estaré aquí y tú estarás aquí, y el mundo estará aquí. No se dejen engañar por falsas predicciones. Estas predicciones sólo buscan generar miedo para que sus predictores pueden beneficiarse de ese miedo.

La destrucción parcial tiene lugar continuamente en la Tierra, pero la destrucción completa nunca ha sucedido todavía. Si tú te dejas atrapar por estas creencias falsas, vives tu vida con miedo. Lo que quiero enseñarte es que te vuelvas intrépido. Una persona espiritual vive sin miedo. Si tu mente es atenazada por el miedo, harás las cosas mal. El miedo tiene que desaparecer. Incluso el miedo a la muerte tiene que desaparecer. La muerte es sólo un cambio de cuerpo. Tu vida continúa. Tu alma nunca muere. Si mueres con conciencia, verás que el mundo es eterno. Desafortunadamente, muchas de las muertes suceden en un estado de coma o pérdida del conocimiento, y en ese estado se pierden todas las memorias. Es mejor morir de una muerte natural con conciencia.

¿Qué piensas de dar dinero a los vagabundos?

Cuando le das dinero a una persona vagabunda, estás agregando a un vagabundo más al mundo. En lugar de dinero, dales comida o ropa. La verdad es que, si les das dinero, la mayoría de ellos lo gastará en alcohol o drogas. Es nuestra responsabilidad no añadir más vagabundos. Si eres compasivo, dales trabajo; sin embargo, la mayoría de los pordioseros huyen después de una semana. No quieren trabajar. Mendigando consiguen dinero fácil y el dinero los hace enloquecer. Estoy en contra de dar dinero a este tipo de vagabundos.

En la India se estableció una prohibición de mendigos en las calles. Los mendigos están organizados. Sus líderes enseñan, especialmente a los niños, cómo mendigar. Son como la mafia y llegan al grado de amputar extremidades de la gente para crear compasión. Los líderes de estas pandillas recogen todo el dinero de los mendigos al final del día.

Mendigar es la peor cosa que se puede hacer. Incluso pedir a Dios, no es una oración. Las personas ruegan a Dios para que les de cosas o para curar a una persona. Cuando tu hijo se enferma, es tu responsabilidad llevarlo al hospital, no sólo rezar por un milagro. Aprende a poner esfuerzo en protegerte. Compra un seguro médico.

Cuanto más damos a los mendigos, promovemos que haya más. La verdad es que los mendigos que reciben ropa, al darnos vuelta las venderán por dinero. Dales de comer sólo si realmente tienen hambre, de lo contrario, ellos tirarán la comida. Solo les importa tener sus drogas y bebida. Ellos saben cómo manipular a la gente. Yo digo a la sociedad que no conviene sentir compasión por ellos. No deseas ver que tu dinero, arduamente ganado, se vaya por el desagüe. Incluso puedes acumular mal karma. En vez de dar dinero, ofréceles trabajo.

Es mejor ayudar a una familia pobre que no mendiga o ayudar a un orfanato. Adopta a huérfanos, edúcalos y cobíjalos porque están necesitados. La mayoría de las personas sin hogar *quiere* seguir sin hogar; no son *realmente* gente sin hogar.

¿Los psíquicos son una forma de espiritualidad?

El poder psíquico viene de la mente y la mente por definición es pensamientos e ideología. Los pensamientos siempre están dispersos y son difíciles de enfocar. Los psíquicos conocen el truco de canalizar todos los pensamientos en una dirección. Esto les da mucho poder. Por medio de concentración y enfoque, pueden leer la mente de otra persona. Una manera de aumentar este poder dentro de ti es practicando lo que se llama *tratka*. Dibuja un círculo del tamaño de una moneda de veinticinco centavos, en medio de un trozo de papel blanco de computadora. Colorea el círculo de color negro. Cuelga el papel delante de ti con el círculo al nivel de tus ojos (30 a 45 cm de distancia) y trata de mirar el círculo sin pestañear. Trata de aumentar tu tiempo cada día. Después de un año podrías ser capaz de sostener tu mirada durante una hora. Esto crea un gran poder, y podrías comenzar a leer los pensamientos de la gente, porque eres capaz de enfocar tus pensamientos en una dirección.

Pero un psíquico no es una persona espiritual. La energía psíquica pertenece a la mente, la espiritualidad pertenece al alma, atma, el núcleo de tu ser. Está totalmente separada de la mente. El objetivo de una persona espiritual es disolver la mente, no quedar fascinada por ella.

MEDITACIÓN

¿Cómo podemos aprender a concentrarnos? (163)

¿Qué sucede cuando uno va más allá de lo positivo y lo negativo? (164)

¿Qué siente el cuerpo durante la meditación? (166)

¿Cuál es la importancia del AUM? (167)

¿Es el sánscrito el único idioma de los mantras? (169)

¿Los mantras llevan a la iluminación? (169)

¿Qué intención debemos tener cuando repetimos los mantras? (171)

¿Cuál es la verdad sobre el kriya yoga? (172)

MEDITACIÓN

La gente tiene muchas ideas equivocadas acerca de la meditación. Cuando piensan en la meditación, la confunden con la mera contemplación. Eso no es verdadera meditación. Si alguien realmente quiere alcanzar la meditación real, el primer paso es ir más allá del cuerpo. El cuerpo tiene que ser totalmente olvidado. Es comparable a cuando una persona está dormida. Cuando uno está durmiendo, el cuerpo no está presente.

El segundo paso es ir más allá de los pensamientos. El proceso de pensamiento aleja del estado meditativo. El tercer paso es superar la mente. Este es el principal obstáculo para lograr la meditación. Si una persona puede ir más allá de la mente, cuerpo y pensamientos, puede experimentar una pequeña muestra del estado meditativo. La meditación es el estado más elevado de conciencia. Sólo si logras ir más allá de la mente, cuerpo y pensamientos, o encuentras una manera de que tu mente, cuerpo y pensamientos cooperen contigo, entonces y solamente entonces, se puede hablar de una verdadera meditación.

En la tradición jainista, hay un concepto llamado *kaauusaggam*, que significa abandonar tu cuerpo. En sentido figurado, significa olvidar tu cuerpo. En este estado, la mente no es consciente del cuerpo físico, es como si te desprendieras de él completamente. Kaauussaggam se realiza de pie, una posición muy efectiva para entrar en el estado meditativo, porque tu columna vertebral permanece recta. Esto hace posible la meditación porque no te relajas al grado de dormirte. Kaauussaggam es la mejor postura para lograr la meditación. También puede hacer que tus pensamientos y mente desaparezcan fácilmente, pero tienes que estar alerta de tu cuerpo para evitar una caída. Kaauussaggam tiene dos formas diferentes de realización. La primera es simplemente tener los ojos abiertos o cerrados. La segunda consiste en concentrar los ojos en un objeto sin pestañear.

Una otra equivocación de meditación es que la mayoría cree que es un verbo. La meditación no es un verbo; es un sustantivo. Para calificar como verbo a una palabra, debe haber actividades involucradas. En un sustantivo, no hay ninguna actividad. La meditación es un estado de conciencia de "no hacer". Por esto es un sustantivo. Si tratas de hacer algo, estás lejos de la meditación. Alguien preguntó una vez a Bodhi Dharma,

"¿Qué haces en la mediación?"

Él respondió: "Nunca hice nada."

"Entonces ¿cómo se logra el estado meditativo?"

Otra vez, respondió: "Nunca hice nada."

Está en lo cierto. La meditación no es el acto de hacer, no un verbo. Es un estado de ser. Puede suceder, pero no se puede hacer. Así que cuando una persona está totalmente relajada y logra ir más allá de su cuerpo, mente y pensamientos, la meditación sucede.

En la tradición Zen, estas ocurrencias se llaman *stori*. Stori son vistazos de meditación. Los vistazos se aprecian cuando la mente, cuerpo y pensamientos cooperan con una persona. Uno debe considerar su mente, cuerpo y pensamientos como amigos, no como enemigos. Cuando empiezas a pensar de esta manera, comienzan a fluir contigo. La posibilidad de la meditación tendrá lugar.

Cuando se produce la meditación es como un fuego. Se quema el karma, las toxinas y se eliminan las capas de la ignorancia. Es como un sol. El sol puede iluminar a la Tierra entera. Al igual que el sol, la meditación ilumina tu ser entero. Es un maravilloso estado de ser. Una vez que consigas el estado meditativo, es posible que se empiece a abrir la puerta de una conciencia más elevada. Y después de eso, sólo queda el despertar.

¿Cómo podemos aprender a concentrarnos?

Existe una técnica antigua que guía hacia la meditación. Se llama *tratka*. Hacer un círculo negro, del tamaño de una moneda de veinticinco centavos, en el centro de una hoja de papel blanco de computadora. Cuelga el papel en la pared delante de ti al nivel de los ojos, aproximadamente a 46 cm de distancia. Fija la vista en el punto negro sin pestañear. Cuando la vista se fija, toda la conciencia viene a los ojos y se puede lograr un tremendo poder de concentración. Todos los pensamientos en tu mente se detendrán. Los ojos son muy sensibles y delicados, y cuando toda la conciencia entra en los ojos y no hay ningún movimiento, la mente no resiste en este estado. Los pensamientos desaparecen. Es un increíble estado de ser. Es el primer paso para la meditación. Haz esta práctica dos o tres minutos a la vez sentado por 30 treinta minutos cada día, por lo menos durante cuarenta y un días. No dejes que sople el viento en la habitación, ni del aire acondicionado ni de una ventana abierta, porque el aire puede lastimar los ojos. Deja que la tensión produzca lagrimeo. Sigue mirando sin pestañear. Cuando logres hacer esto sin movimiento, puede empezar a producirse la meditación.

También puedes utilizar la fotografía de un maestro o gurú, con sus ojos colocados en el mismo nivel que tú. Mira a los ojos del maestro. Comenzarás a desarrollar una relación hermosa y pura con el maestro. Comenzará a guiarte en este camino. Debido a tu fuerte voluntad, podrás desarrollar tu conciencia hacia la meditación.

Si no tienes una foto de tu maestro, siéntate delante de un espejo y mira a los ojos en tu reflejo. O puedes usar una imagen de un ser querido, como un hijo o un nieto. La mente se vuelve silente en esta práctica. Cuando los pensamientos desaparecen, comienza la meditación. Cuando los ojos dejan de sentir la tensión, la mente comienza a cooperar contigo.

¿Qué sucede cuando uno va más allá de lo positivo y lo negativo?

Esto no es cosa fácil, solo puede ocurrir cuando un alma, una persona, está en un estado meditativo constante, donde nada le afecta. En todo lo que hace, está en meditación. Esta alma ha trascendido más allá de lo positivo y lo negativo, que son como las dos caras de una misma moneda.

Krishna, considerado la encarnación de Dios según los hindúes, tenía dos esposas. Querían visitar a un maestro iluminado. Había un río en su camino, por lo que pidieron a Krishna hiciera algo para poder cruzar el río. Les dijo que llevaran comida al maestro y al acercarse a la orilla del río preguntaran "Si este maestro nunca ha comido en su vida, ábrenos un camino". Por lo que fueron e hicieron como les dijo. El río se separó cuando ellas hicieron la pregunta y continuaron hasta llegar con el maestro. Oyeron sus palabras y se pusieron muy felices. Antes de salir, le ofrecieron comida, y el maestro comió toda la comida como si nunca hubiera comido en su vida. Ahora llegó el momento de salir, pero ¿cómo se cruzan el río otra vez? Le preguntaron al maestro y él les dijo que hicieran al río la misma pregunta que antes. El río respondió y les abrió un camino para cruzar. Cuando volvieron al palacio, estaban llenas de confusión. ¿Cómo podría el río abrir un camino, si el maestro no había comido nunca, a pesar de que ellas lo habían visto comer? Le contaron a Krishna su confusión. Krishna les dijo que, aunque el maestro come, él no come; cuando camina, no camina, y cuando habla, no habla. Siempre está en un estado de meditación. Come porque su cuerpo necesita alimento. No está *metido* en el acto de comer.

La mayoría de la gente come por comer, no porque el cuerpo necesite alimentos. Si una persona come sólo porque su cuerpo necesita comida, está en un estado superior. Está más allá de los estados positivo y negativo. Está en un estado de conciencia equilibrada. No se ve afectado por el hambre, la ira, el amor, el odio o la compasión. Una gran persona sigue siendo siempre la misma, no afectada por la adversidad ni la prosperidad. Este es el estado más elevado de conciencia.

¿Qué siente el cuerpo durante la meditación?

A veces durante la meditación, el cuerpo empieza a reaccionar de manera anormal. En un cuerpo sano, los pies están calientes y la cabeza es fría. Durante la meditación, sin embargo, las sensaciones pueden ser distintas a las del estado normal, y varían de individuo a individuo.

En la India, hay una secta hindú conocida como la secta *Bawla*, que significa "loco". Solían moverse de ciudad en ciudad cantando y creando un aura de buena energía por todas partes. Esta secta ha desaparecido desde entonces. Fue su experiencia única y personal de meditación.

Como la energía fluye hacia arriba desde el chakra 1 al 7, *Sahasrara*, a veces la cabeza se siente muy caliente durante la meditación. Si llega a calentarse mucho, la persona puede sentirse enferma. Esto no debe preocuparte. Tener valor, o pide a un maestro vivo que te guíe. Este calor es indicativo de una obstrucción en los canales energéticos y necesitas trabajar para despejarlos. Hay tres canales en el cuerpo:

Shushumna - centro de la columna vertebral.

Ida - fosa nasal izquierda.

Pingala - fosa nasal derecha.

Una persona verdaderamente aficionada a la meditación, al final muere por causas naturales ya que es su último cuerpo en esta Tierra. Buda, Mahavir, Krishna y todos los Paramahansa murieron de causas naturales debido a que el cuerpo comenzó a deteriorarse al final, a medida que toda la energía fue empujada hacia su cabeza. A veces la persona siente que su cuerpo se agranda durante la meditación y viaja en el espacio. Para los principiantes, esta experiencia es aterradora. Por esta razón, es mejor tener un guía. La meditación tiene que ser gradual; de lo contrario puede ser peligrosa. El meditador puede tener experiencias de muerte. En la meditación, se almacena energía, no se consume, y es forzada a fluir hacia arriba contra su tendencia natural a fluir hacia abajo. Cuando se comprende la verdad, la energía fluye hacia arriba.

Existen ejercicios de respiración que se pueden practicar para despejar las obstrucciones en los canales:

Nadishodhan: purificación de nervios principales.

Vilom Anulom: respiración alternada por cada fosa nasal.

Kapalbhati: respiración forzada, también conocida como "Respiración de Fuego".

Estos ejercicios te ayudarán a evitar experimentar sensaciones de malestar. Te darán valor y mejor salud para meditar.

¿Cuál es la importancia del AUM?

AUM es un sonido natural. En sánscrito, la A significa Brahma, la U se refiere a Vishnu y la M a Shiva. AUM constituye la combinación de los tres poderes, y esta combinación incorpora a Dios con poderes creativos, de sostén y destructivos.

El sonido *AUM* está en nuestra sangre. El primer sonido que hace un bebé es A, luego U, como una "o" larga y, a continuación, la palabra Ma. Este sonido natural, nos conecta con Dios. En la cultura hindú, un bebé se considera muy puro sin ideologías, y por lo tanto, cerca de Dios.

AUM en inglés equivale a Dios; G por el poder generativo, O por el poder operativo y D por el poder destructivo. El sonido de AUM puede activar y abrir todos los siete chakras, especialmente el *chakra sahasrara*, que se encuentra en la parte superior de la cabeza. Según la cultura hindú, allí es donde reside Dios. El AUM fue descubierto por los *rishis*, quienes pueden ver la verdad.

¿Cómo se puede ver estos poderes ocultos en uno mismo? Se sabe que siempre se forman nuevas células en nuestro cuerpo, otras células siempre están muriendo, y algo siempre sigue siendo lo mismo: Brahma, Shiva y Vishnu. Nuestra memoria, que sigue siendo la misma y nos conecta con el pasado, se llama el poder operativo. Todo es una combinación de estos tres poderes. Por ejemplo, si deseas cambiar un pendiente de oro a un brazalete, el orfebre debe fundir (Shiva, poder destructivo) el oro (Vishnu, poder operativo que permanece igual) y fabricar el nuevo objeto (Brahma, poder generativo).

Puedes aprender a cantar este sonido de AUM en cierta manera para activar todos los chakras. También, ciertos colores se crean mediante el canto de este sonido. Cuando cantas el AUM ya estas mejorándote a ti mismo. La mayoría de las religiones utilizan este sonido. En el cristianismo, es la palabra "amén". El canto beneficia a la persona física, mental y espiritualmente.

¿Es el sánscrito el único idioma de los mantras?

Cantar mantras ayuda a protegernos. El sánscrito tiene potentes sonidos utilizados en la recitación de mantras de los que carecen otros idiomas. El sánscrito tiene 52 consonantes y vocales, y su combinación produce sonidos muy potentes. Es un misterio cómo fueron descubiertos estos sonidos poderosos, pero somos afortunados de tenerlos a nuestra disposición. Un mantra es una combinación de sonidos, y esta combinación es divina. Cuando cantas un mantra, todos a tu alrededor también serán protegidos.

En sánscrito, cada letra del alfabeto tiene un significado. Ninguna otra lengua tiene esto. Esta es otra razón por la que los mantras no pueden estar en ningún otro idioma. Ahora, cuando se juntan diferentes sonidos con diversos significados, estos sonidos afectan el cuerpo, la mente y los pensamientos. Un mantra es divino. Por ejemplo, cuando a, u, y m se combinan, se convierte en AUM. AUM es la raíz de todos los idiomas. A por Brahma, U por Vishnu, y M por Shiva. AUM es el equivalente de Dios, lo divino.

Otros idiomas pueden tener ritmo, armonía y sonido poético. El sánscrito tiene todo eso y mucho más. Cuando se recitan los mantras, son afectados mente, cuerpo y pensamientos. Se empiezan a disolver y a cooperar contigo.

¿Los mantras llevan a la iluminación?

Un mantra es un sonido divino que te puede sanar física, mental y espiritualmente. Si se practica en voz alta, ayuda a mantener una buena salud; calma la mente y te sana espiritualmente. Sin embargo, los mantras no pueden conducir a la liberación. Los mantras no poseen tanto poder. Son sólo herramientas. Los mantras no ayudan a entender la realidad. Calman, y en esa calma reside la oportunidad de saltar a la meditación. La meditación comienza a quemar tu karma. Porque los mantras son sonidos divinos, crean divinidad a tu alrededor. Los mantras son para la protección. El sonido del mantra crea electricidad, y esa electricidad vuelve a entrar en tu cuerpo. Tu calma empuja a todas las toxinas del cuerpo.

Para alcanzar la liberación o la iluminación, la gente tiene que profundizar la meditación y entender lo que es la vida y lo que no. Hay vidas que nos rodean, pero no las vemos. Sin este conocimiento, no podemos tener iluminación. Los animales no poseen una mente desarrollada para alcanzar la iluminación a pesar de que parecen muy puros y pacíficos. Los seres humanos han sido bendecidos con una mente desarrollada, que pueden utilizar para comprender la realidad.

La iluminación no es fácil de lograr; es como cruzar un océano entero nadando sólo con ambos brazos, o caminar por el borde de una espada con los pies descalzos. Los mantras no pueden hacerlo. La iluminación sólo se puede alcanzar mirando hacia dentro y realizando y comprendiendo a tu verdadero ser. Si estás disperso, y no puedes enfocar tu mente, siéntate en silencio, cierra los ojos a la mitad y concéntrate en la punta de tu nariz. Podrías saltar en el canal de *Shushumna* que trae equilibrio. Con equilibrio y tranquilidad, pueden suceder cosas buenas. La relajación es la madre de todas las invenciones. La relajación te ayuda a tocar tu ser, lo que te lleva hacia la iluminación.

¿Qué intención debemos tener cuando repetimos los mantras?

Cantar mantras, o sonidos divinos, crea electricidad en una habitación y esa electricidad entra en tu cuerpo. Si estás sentado bajo una cúpula del templo, las ondas de sonido creadas por el canto circulan por la cúpula y entran en la parte superior de tu cabeza. Estas ondas energizan tu cuerpo y te sanan física, mental y espiritualmente.

Arhum, pronunciado *a-re-jang*, es un sonido muy potente para despertar la *kundalini*. Despeja tu columna vertebral. Borra la enfermedad y el dolor en la espalda, especialmente si lo recitas con fuerza. Si lo haces 108 veces, empezarás a transpirar, despejando todo tu cuerpo. También puede prevenir dolores de cabeza. Recitar los mantras trae equilibrio. Las expectativas también desaparecen. Es mejor recitar un mantra sin expectativas.

Pero si una madre recita el mantra para sus hijos, con intención, la electricidad que se crea los afectará y ayudará. O si tu intención es para el florecimiento de un negocio, recitar un mantra ayudará. La energía que se crea atraerá cosas positivas para el negocio.

La mejor manera, sin embargo, es no tener ninguna intención. Recitar el mantra porque te encanta. No hay ningún propósito o expectativa, como el sol que brilla o la flor que florece. El equilibrio que recitar un mantra atrae te ayudará a cruzar el océano de sufrimiento y te traerá alegría, paz y relajación. Sólo hazlo sin pensar en un resultado.

¿Cuál es la verdad sobre el kriya yoga?

Si crees que el Kriya yoga es la única forma de autorrealización, entonces no eres diferente de un cristiano que cree que Jesús es el único camino a la salvación. Sí, el Kriya yoga es una técnica antigua, pero este pensamiento es una idea falsa. Los maestros de yoga, los no iluminados, enseñan Kriya yoga y no saben el origen del Kriya yoga. El maestro que la gente asocia con este sistema de yoga es Patanjali. El sistema se denomina *Yoga Sutra de Patanjali*. Sin embargo, Patanjali no fue el primer maestro de yoga. Hubo otra persona antes de Patanjali, un maestro de kundalini cuyo nombre era Parsvanath. Fue el Tirthhankar 23, nacido hace casi 2,900 años. Su sistema fue el primero, y su tradición es de la línea de gurús llamada, *Nath Panthi*. Esta tradición está todavía viva hoy y se llama sólo yoga. El Kriya nunca ilumina a una persona. Hace que una persona sea saludable – como cuando haces pranayama – una respiración regulada de una cierta manera. El Pranayama lleva oxígeno a la sangre, lo que es muy saludable y hace que el cerebro funcione óptimamente. La inteligencia y la salud mejoran mucho. Cuando el cuerpo está sano, los procesos de pensamiento son buenos y sanos. Una mente y cuerpo sanos aportan felicidad. Pero una persona sana no es lo mismo que autorrealizada o iluminada.

En meditación no hay *kriya*, sólo no acción. La meditación comienza cuando toda acción se detiene; incluso los pensamientos se detienen. Kriya es más evidente con la respiración y las posturas. Si una persona quiere aprender, tienen que ir más allá de todos los kriyas hasta el 7° paso; no acción, meditación en la que el cuerpo, pensamientos y mente desaparecen. Kriya se recomienda actualmente sólo por razones de salud. No lleva a la iluminación. Donde hay acción, no hay ninguna meditación. A partir de la meditación, una persona puede alcanzar *samadhi* (estados superiores de conciencia) y a partir de samadhi, la iluminación.

CHAKRAS

CHAKRAS

Chakra es un concepto yóguico del sistema indio. Se ha enseñado durante siglos en la India. En este concepto, se utiliza la palabra *kundalini* o "poder de la serpiente". Una vez que se despierta la kundalini, la persona alcanza la dicha eterna. En la mitología China, hay setecientos chakras, pero los yoguis indios descubrieron siete. Estos siete son los chakras principales en el cuerpo. Son como los chakras principales de otros cien chakras menores. Una vez que un chakra se despierta, se despiertan también los cien que están alrededor de él.

Chakra significa rueda. La energía se mueve como una rueda. Si tiene fuerza para moverse, se eleva. Si no tiene fuerza o corriente, declina. Como el agua en el océano, si la corriente es débil, el agua sólo se mueve hacia abajo o se queda quieta. Lo mismo ocurre con los chakras. Si alguien está enojado, su energía comenzará a declinar. La energía de la gente egoísta, negativa, siempre fluye hacia abajo. Negatividad, demasiada actividad sexual, actividades malas en la mente, siempre hacer malas acciones, perjudicar o matar a otros, o golpearlos, automáticamente envía la energía hacia abajo. Entonces, ¿cómo elevar la energía? Necesitas transformar tus cualidades inferiores en cualidades superiores. Esto es similar a transformar el odio en amor, el ego en humildad, la avaricia en generosidad, y así sucesivamente.

El primer chakra reside en la base de la espina dorsal. El color de este chakra es rojo. En este capítulo encontrarás técnicas sobre cómo aumentar el color rojo en la base de la espina dorsal. Cuando se practican estas técnicas, la energía comienza a moverse, hacia el segundo chakra. Se requiere mucha fuerza para que puedan disolverse las negatividades y la ira, y que la energía pueda elevarse. En este capítulo también encontrarás otras técnicas para elevar todos los chakras.

El segundo chakra está situado entre el ombligo y la base de la espina dorsal. También, tiene un sonido y el color que se debe elevar. Pero recuerda, el primer chakra es rojo y es el color de Siddha. Así que necesitamos que el primer chakra sea extremadamente fuerte. Uno puede hacer esto al visualizar un montón de rojo. Una vez que la energía está fluyendo al segundo chakra, la persona comenzará a sentirse confiada y segura, como estar en casa. El tercer chakra se encuentra cerca del ombligo. El cuarto está cerca del corazón. El quinto está en la garganta entre el timo y la tiroides. El sexto está situado entre las cejas. El séptimo se encuentra en la parte superior de la cabeza.

Esta es una ciencia muy compleja e importante. Los chakras no existen en el cuerpo físico, y no hay manera de encontrarlos de la misma manera que se puede encontrar un órgano. Aun así, su movimiento energético tiene lugar constantemente. Los chakras se encuentran cerca de las glándulas. Desde un punto de vista médico, uno debe probar las glándulas localizadas cerca del chakra para encontrarlo. Un puede revisar las glándulas para asegurarse de que el chakra está funcionando correctamente. Una vez que estos chakras se despejan, la kundalini fluye. Cuando la kundalini se despierta, una persona tiene mucha claridad. Esto no quiere decir que sean iluminados. Simplemente significa que han dado un paso serio en su camino espiritual, hacia la búsqueda de la verdad. De esta manera, finalmente la kundalini conducirá a una persona hacia la iluminación. Por esta razón es muy importante aprender la ciencia de los chakras.

¿Puede decirnos más sobre los chakras?

Chakra significa "rueda" en sánscrito. Hay siete chakras en el cuerpo y son las puertas de entrada para el flujo de energía y vida. Los chakras se encuentran en el cuerpo mental, no en el cuerpo físico. Es importante saber dónde se encuentran en el cuerpo.

El primer chakra se llama *Muladhara*, que es la raíz y la base donde existen los órganos reproductivos. Cuando hay pensamientos negativos, la fuerza vital fluye hacia abajo. También aquellos cuyas mentes están llenas de deseo de actos sexuales, su energía fluye hacia abajo. Es la glándula suprarrenal la que produce la fuerza de la vida.

El segundo chakra se llama *Svadhishthan*, que son las gónadas y que se encuentran dos pulgadas por debajo del ombligo. Este chakra afecta a los órganos reproductivos y las piernas. Si este chakra es bajo en energía, una persona no se siente cómoda entre la gente y se siente insegura y llena de miedo.

El tercer chakra se llama *Manipura*, que se encuentra en el ombligo. Afecta al páncreas. El páncreas afecta al estómago, al hígado y a la vesícula biliar. Es fundamental que la energía fluya hacia arriba en los tres primeros para que una persona sea sana, feliz, y tenga una base sólida para la espiritualidad.

El cuarto chakra se llama *Anahat*, o el chakra del corazón. Se encuentra cerca de la glándula del timo y se conoce como el "sonido silencioso". Cuando la energía golpea el centro del corazón, se afectan el corazón, hígado, pulmones y la circulación sanguínea. El cuarto chakra es el centro del amor incondicional y el afecto. Es el centro del crecimiento espiritual.

El quinto chakra se llama *Vishudhi,* o centro de la garganta. Es el chakra para purificar los pensamientos y no carga negatividades como los celos. La glándula tiroides es una glándula de la comunicación, la expresión de uno mismo, la creatividad y la voz interior. Los órganos asociados son la garganta, los pulmones superiores, el sistema digestivo y los brazos.

El sexto chakra se llama *Ajna*. Popularmente se conoce como el centro del tercer ojo. Es el chakra de la fuerza de voluntad, el intelecto y el espíritu. Es el centro para la realización. Una vez abierto, una persona no necesita nada más. El despertar comienza aquí. La tradición mística comenzó aquí. Se encuentra en la glándula pituitaria y afecta a la columna vertebral, cerebro inferior, ojo izquierdo, nariz y oídos.

El séptimo chakra se llama *Sahasrara*. Se encuentra en la parte superior de la cabeza. Este es el chakra que lleva a una persona a la iluminación, la intuición, la visión espiritual y la clarividencia. La glándula es la glándula pineal. Afecta el cerebro superior y el ojo derecho.

Si una persona mantiene estos chakras sanos, la energía fluye en la dirección correcta.

¿Cómo activamos los chakras con sonido y color?

El yoga es un sistema de superación personal. No es una religión. Los siete chakras se describen en el sistema indio de yoga. Esta es una sección sobre cómo activar los chakras.

El primer chakra, Muladhara, está en la base de la espina dorsal. Visualiza una luz roja. Cuando el chakra está activo, una persona está bien equilibrada, es sensata y segura. Se siente presente y conectada con el cuerpo físico. Si este chakra no está activo, la persona se siente nerviosa y temerosa. Cuando está hiperactivo, nos hace sentir codiciosos y materialistas. Junto con el color rojo debes hacer el sonido lam, lam, lam (suena como lang).

El segundo chakra, Svadhisthana, está dos pulgadas por debajo del ombligo. Visualiza una luz anaranjada. Cuando este chakra está activo, puedes expresarte sin emociones. No tendrás disfunción sexual. Si no está activo, te sentirás insensible y no te abrirás a los demás. Si está hiperactivo, te sentirás muy sensible, emocional y sexualmente hiperactivo. Este chakra es el asiento de la mente inconsciente. Para equilibrarlo, necesitas visualizar una luz anaranjada y hacer el sonido del agua, vam, vam, vam (suena como vang).

El tercer chakra, Manipura, está en el ombligo. Visualiza el color amarillo. Cuando este chakra está abierto, tienes confianza, y estás en control, gracia y dignidad. El elemento de este chakra es el fuego. El sonido asociado es ram, ram, ram (suena como rang).

El cuarto chakra, Anahat, es el chakra del corazón. Visualiza una luz verde. Cuando está abierto estás lleno de afecto y amor hacia los demás. Tiene buenas relaciones con los demás. Si este chakra está poco activo, te sientes frío hacia los demás. Si está muy activo, tienes demasiado amor el cual puede asfixiar a los demás. Se convierte en egoísmo. Para equilibrar este chakra, repite yam, yam, yam (suena como yang).

El quinto chakra, Vishudhi, es el chakra de la garganta. Cuando está abierto, tienes buenas habilidades de expresión y comunicación. Si no está activo, no puedes hablar. Si está activo de más, hablas demasiado y puedes molestar a otros. Para activar el chakra, visualiza el color azul claro en la garganta y haz el sonido de ham, ham, ham (suena como hang).

El sexto chakra, Ajna, es el chakra del tercer ojo. Cuando está abierto, tienes acceso a la clarividencia y sueñas mucho. El color asociado a este chakra es el azul. Cuando no está activado, dependes de los demás y haces tuyas sus creencias. Esto crea confusión. Si está hiperactivo, tu imaginación es rampante. Para equilibrarla, utiliza el color azul y el sonido oum, oum, oum (sonidos como ong).

El séptimo chakra, Sahasrara, es el chakra de la corona. No hay sonido para este chakra. Es pura consciencia. Si está abierto, no hay prejuicios. Eres espiritual. Si está demasiado activo, no sientes tu propio cuerpo, y dejas de comer o beber. Si está muy poco activo, no eres espiritual, ni tranquilo, y tienes pensamientos rígidos. Para activarlo, medita en la conciencia que es amorfa. Su color es rosado o blanco. El sonido es aum (suena como om).

¿Qué es el primer chakra?

El poder kundalini es el poder de la serpiente: como una serpiente enrollada con su cabeza descansando en la parte superior. Si alguien lanza una roca, la serpiente se despierta con gran poder. La energía kundalini atraviesa los siete chakras. Es el paso del flujo de energía.

Esta energía en el cuerpo que fluye hacia abajo después de muchas vidas. Con la meditación y el yoga, se puede crear más energía. Meditación en sánscrito se llama *dhyana*, que es el fuego que quema las toxinas y pensamientos. Generalmente, la energía fluye hacia abajo, y esa es la razón por la que se llama al primer chakra Muladhara, el centro original. El chakra base contiene todo y todo viene de él. Es la puerta inferior. Cuando esta puerta está abierta, la energía fluye hacia abajo y la persona no se siente en un estado de meditación o yoga. Esta puerta debe estar cerrada para conservar la energía. Cuando la energía comienza a fluir hacia arriba, se llama Kundalini. Si hay demasiada energía sexual presente en el chakra base y una persona actúa sobre ella, la energía se desperdicia, porque la puerta está abierta. La energía sexual es momentánea. Puedes controlarla al no actuar de acuerdo con ella. De manera natural empezará a fluir hacia arriba porque hay demasiada energía acumulada. Si actúas sexualmente de acuerdo a ella, será inútil.

Cuando la energía empieza a aumentar en una persona, comienza a abrirse el paso de la kundalini, esto es simultáneo. La conservación de la energía es siempre gozosa. Cuando la energía es liberada a través del sexo, una persona se siente liberada de tensiones, pero en última instancia, vacía, y la depresión viene a llenar el vacío. El ansia desaparece. Por el contrario, cuando la energía está llena y comienza a correr hacia arriba, una persona sentirá riqueza y crecimiento interno. El flujo ascendente de energía lleva al Sahasrara, el séptimo chakra en la parte superior de la cabeza. Sahasrara es la puerta a la divinidad. Cuando la energía alcanza el Sahasrara, solamente tiene un lugar a donde ir, y es el cosmos. Sahasrara significa "miles de pétalos". Cuando hay miles de pétalos, empiezan a abrirse y nace la flor. Esta floración es interminable. Es la plenitud, el florecimiento del ser humano. Cuando sientas este florecimiento, es la única verdadera ofrenda a Dios, tú te conviertes en Dios.

¿Qué es el segundo chakra?

Kundalini, el poder del despertar, atraviesa los siete chakras en el cuerpo humano: desde la base de la espina dorsal, Muladhara, hasta la parte superior de la cabeza, Sahasrara. El chakra base, el centro original, es la fuente de energía. Esta energía es muy pura, si tienes una dieta ligera. Con una energía ligera, el flujo hacia arriba es fácil. Cuando se despierta la Kundalini, una persona puede llegar a ser iluminada (conocer pasado, presente y futuro). Necesitamos saber cómo ayudar a esta energía para que fluya perfectamente y en dirección ascendente. Comer comidas vegetarianas ayuda a este flujo. Generalmente, esta energía fluye hacia abajo y la gente se muestra enojada y celosa debido a eso. El ascenso de esta energía hace a una persona hermosa.

Si un río no tiene corriente, el agua no puede fluir. Si esta energía no se crea en el cuerpo, se establecerá la pereza. La energía es creada por el ejercicio o *pranayama* (respiración) y estiramiento, como el *Surya Namaskar* (el saludo al sol), que es un conjunto de 12 estiramientos que activan el cuerpo, haciendo que la energía fluya hacia arriba y desbloqueando el camino. Trata de mantener la calma, sin enojo, violencia o celos para impedir que la energía fluya hacia abajo. Puedes hacer esto tomando un vaso de agua fría cuando se presenta tal negatividad.

La energía empieza a fluir hacia arriba al Svadhisthana, segundo chakra, que es tu morada. Cuando la energía alcanza el segundo chakra, te sientes muy seguro en casa, a salvo y protegido. La paz y la valentía te rodearán.

¿Qué es el tercer chakra?

Cuando estás enfadado o celoso, tu energía fluye hacia abajo; sin embargo, cuando transformas tu ira o celos, tu energía comienza a fluir hacia arriba. Tus celos se convierten en bondad y amor. La energía fluye hacia arriba desde el primer al segundo chakra, luego al tercer chakra, Manipura. Se trata también de la parte central del cuerpo, el centro del ombligo. Cuando la energía fluye en el tercer chakra, la persona se convierte en una joya de valor incalculable: Manipura.

La vida humana es como un diamante; todo el mundo debe convertirse en un diamante. Esto crea a una persona equilibrada. Quienes están dispersos y confundidos no han alcanzado el tercer chakra. Viven en la dualidad, duda o racionalidad. Cuando se alcanza el tercer chakra, una persona comienza a preguntarse "¿Quién soy yo?" El tercer chakra es la fuente de energía original, el cordón umbilical. Es como una flor de loto con miles de pétalos. Cuando medites, visualiza una flor de loto que sale de tu ombligo; Esto ayudará a equilibrarte. Te convertirás en uno y fluirás con el universo, como una joya. No serás afectado por la crítica o la alabanza. Te volverás grande. La grandeza es cuando te mantienes siendo el mismo en la adversidad o la prosperidad. Eres como un bebé que está conectado a la madre por el cordón de plata. Es un estado muy tranquilo y pacífico.

Lao Tzu dijo, "un santo vive en la inactividad..." Los milagros se dan cuando una persona impacta este chakra. Cuando el santo mira a los ojos del estudiante, la transformación sucede en esa persona porque el santo no está en actividad. Como resultado, la conciencia despierta en el estudiante. El secreto de los santos es que viven en el tercer chakra. Su energía se mueve en este centro Manipura; son joyas de valor incalculable. Eleva tu energía más alto, transforma tu energía y encontrarás el equilibrio.

¿Qué es el cuarto chakra?

La palabra sánscrita *Anahat* tiene un significado importante. Ahat significa lastimar y Anahat significa no hacer daño. Ahat significa también sonido y Anahat significa silencioso. Cuando la energía fluye hacia arriba y pega en el cuarto chakra, significa que estás tranquilo y pacífico. Las emociones se calman y sientes amor y compasión por todo ser viviente.

Este chakra tiene mucha sensibilidad. Puedes sentir los latidos del corazón. Cuando te sientas en quietud, puedes escuchar tu propia música al escuchar los latidos de tu corazón. El latido del corazón es muy rítmico; crea su propia música. Es la música del sonido silencioso. Cuando escuchas el latido de tu propio corazón, te vuelves muy sensible y estás en el camino correcto. Todas las emociones están asentadas en este chakra, y cuando la energía se mueve hacia aquí, experimentas todas las emociones. Déjalas salir a la superficie.

Con el fin de eliminar las emociones de este centro, he creado el Purnam Yoga, que es un sistema de estiramientos especiales combinado con respiración intensiva. Se enseña en nuestro centro, Siddhayatan Tirth, en Texas.

El amor que conoces, la rabia, los celos y la compasión son todas emociones. El amor real está más allá de las emociones. Se extiende a todos los seres vivos; está expandido. El amor que conoces y otras emociones, cuando llegan a este chakra, crearán caos. Pero después de que las emociones salen a la superficie, hay calma. Una vez que las emociones se calman, el amor real comienza a florecer. Tienes que esperar a que llegue ese momento. Fluirá mucho amor en tu corazón. Este corazón abarcará todo el universo. Si deseas ampliar este amor primero, escucha los latidos silenciosos del corazón. Después de esto, podrás oír "el aplauso de una sola mano". Alcanzas una calma como la parte más profunda del océano. Se trata de Anahat: el sonido silencioso.

¿Qué es el quinto chakra?

El quinto chakra, Vishudhi, significa purificación. Está situado entre la glándula tiroides y el timo. Esta glándula controla la fuerza de la vida. Si la glándula del timo está débil, la persona está letárgica. Este chakra necesita purificación. La debilidad de la glándula del timo puede conducir a la muerte. Freud, una vez dijo, "en el hombre hay dos voluntades: la voluntad de vivir y el deseo de morir." Si las personas son muy apegadas a la vida, quieren morir o cometer suicidio. Este deseo es el resultado de algo que va mal en el quinto chakra. El quinto chakra se mueve en dos polaridades, como la respiración al inhalar y exhalar. Una es la vida y la otra es la muerte. Vishudhi significa que tienes que purificar tus pensamientos de vida y de muerte. Las personas con demasiado apego a la vida, o se suicidan o matan a otros. Ellos mismos tienen mucho miedo a la muerte.

Los animales no se suicidan porque no son conscientes de la vida; sin embargo, al ser confrontados por el miedo, sienten miedo de morir. Los seres humanos son más conscientes de la vida. Cuando una persona es consciente de la muerte, no puede cometer suicidio. Ve la vida como la respiración: entra y sale. Es un fenómeno natural. El quinto chakra necesita purificación de toxinas que son anhelo de vida o muerte. Tenemos que tomar conciencia de la vida y la muerte en un sentido natural. La debilidad en el quinto chakra conduce a la voluntad de morir, porque la energía está bloqueada allí y no puede continuar su flujo.

Una vez que los pensamientos de "ganas de vivir" o "ganas de morir" son trascendidos, llega a ser tan natural como la respiración del cuerpo físico inhalando y exhalando. Es sin esfuerzo. Este chakra es un chakra sensible, pero puede reforzarse con visualización de luz y color. Esta fuerza hará que la persona sea consciente de la vida y la muerte, y esa es la purificación.

¿Qué es el sexto chakra?

El sexto chakra de la fuerza de vida de la Kundalini es el chakra del tercer ojo. Necesitas aumentar tu energía para que pueda subir a este centro. Esto puede hacerse a través de buenos pensamientos positivos y desarrollando mucha energía. Trabaja en el aspecto físico primero y luego en el aspecto mental.

El chakra Ajna es el centro de la sabiduría. Enfoca tu visión en el chakra del tercer ojo con los ojos cerrados. Cuanto más profundo lo hagas, más cosas podrás ver. Se te revelarán secretos. Empieza a contemplar allí. Se trata de un paso hacia la meditación. La contemplación es un reflejo de algo. En la meditación el espejo no refleja nada. Tu verdadero ser entonces te será revelado.

Cuando este chakra se abre, la sabiduría se abre. Sostener la postura sobre la cabeza durante treinta segundos, es una buena práctica para este chakra, pero se requiere guía para hacer esto. Al centrarse en este chakra, mejora tu concentración. Los milagros pueden suceder gracias a esta práctica. Tu mente se vuelve pura y sana. Toda la negatividad pasa. Cuando este chakra está abierto, eres positivo; tienes claridad y tienes la energía para el trabajo. Inmensos conocimientos llegan a través de este chakra.

¿Qué es el séptimo chakra?

El séptimo chakra, Sahasrara, es el punto más alto del movimiento de energía que es como una rueda. Este pasaje del movimiento de la energía a través de la columna vertebral se llama Kundalini, el poder de la serpiente. La razón por que se llama poder de serpiente es porque en la India, siendo un país agrícola, la gente tiene contacto permanente con serpientes. Una en particular, la cobra, tiene la capacidad de ser despertada repentinamente y levantar su cabeza hacia arriba. ¡Es una serpiente muy poderosa!

La energía Kundalini repentinamente puede despertar desde la base de la espina dorsal y correr a través de ésta hacia la parte superior de la cabeza: el chakra Sahasrara. Cuando llega la energía llega, puede poner a la persona en un estado de éxtasis y dicha. Sahasrara es la flor de loto con miles de pétalos. Cuando esto sucede, todas las capas del karma comienzan a romperse. Todos los canales comienzan a aclararse cuando esta energía alcanza el cerebro. Esto puede llevarte hacia la iluminación. La dicha eterna es realizada de esta manera. Comenzarás a ver todo en el mundo. También a sentir, tocar, oler y escuchar todo. Al llegar a este estado más elevado de consciencia, es eterno, pero al mismo tiempo nuevo y cambiante en cada momento. Sahasrara te hará florecer y te convertirás en una hermosa flor. Serás el alma más preciosa en el mundo. Puedes practicar la apertura de este chakra visualizando una luz blanca en la parte superior de la cabeza y algún lo harás realidad.

ESPIRITUALIDAD

ESPIRITUALIDAD

Lamentablemente la espiritualidad se compara con la religión. La religión y la espiritualidad son totalmente diferentes. La espiritualidad es libertad total. Por otro lado, la religión encasilla a las personas. La espiritualidad es como la fragancia de la flor, y la religión es la flor. La espiritualidad es la manera de descubrir quién eres.

Nuestra sociedad se supone que debería ser espiritual. La espiritualidad es una fuerza, una fuerza unificadora. No hay ninguna escuela donde uno pueda ir a aprender sobre espiritualidad. Uno no puede obtener un título en esto. Si alguien te ofrece un grado, por favor no te dejes engañar. La espiritualidad es un estado de ser. ¿Cómo puede una persona dar a otra un certificado, cuando no se conoce a sí misma? Sin embargo, estas personas creen que están autorizados a certificar la espiritualidad de alguien.

La verdadera espiritualidad va más allá de la experiencia de vida. Es una realización del alma. Cuando tú o cualquier persona comienza a darse cuenta de que existe un alma que tiene conocimiento infinito, esa persona empieza a descubrir esa sustancia dentro de ella. Al continuar por el camino del descubrimiento, siguen dando pasos hacia la espiritualidad. Todas las personas espirituales son individuos compasivos, amorosos, sin malicia, no violentos, similares a las personas religiosas, pero son más refinados. Cada religión tiene un aspecto de la espiritualidad. Por ejemplo, en el hinduismo hay místicos, el islam tiene el sufismo, el cristianismo tiene mística y el judaísmo tiene la cábala. Cuando se refina la religión, se convierte en espiritual como una fragancia. La fragancia es más valiosa que la flor. La fragancia se esconde dentro de ti. La fragancia debe encontrarse a través de sadhana.

Sadhana puede ser una técnica sola o una variedad de técnicas que mejora tu alma todos los días. Es como si tu llama se expandiera cada día. Tu alma está despertando cada día. Cuanto más espiritual se vuelve una persona, mayor es el despertar que tiene lugar momento a momento. La espiritualidad significa transformación total. La persona ya no es la misma. Su energía se transforma, transforma su forma de pensar. De esta manera, cambia totalmente. Su aspecto es totalmente diferente. Es una transformación física, mental, espiritual y de los pensamientos.

Los niños de nuestra sociedad necesitan esta fragancia de espiritualidad. La sociedad será totalmente diferente, si llegamos a ser espirituales. Combates y guerras no pueden ocurrir donde hay espiritualidad. No existe una división. La espiritualidad va más allá de colores, razas, credos, géneros, orientación o religión. El sabor de la espiritualidad es el mismo, no importa si eres africano, chino, vietnamita o europeo. Es como la sangre. La espiritualidad es como la sangre. La sangre es roja, no importa de qué color sea tu piel. Es como el agua. Quien bebe el agua sacia su sed. Quien prueba la espiritualidad se iluminará. No se puede tratar la espiritualidad como una muleta. Tienes que ser independiente. Tienes que ser tu propia lámpara para despertarte a ti mismo, para despertar a la sociedad. Es 100 % cierto. Una vez que hayas despertado, despertarás a mucha gente.

¿Cuál es el primer paso de la espiritualidad?

El vegetarianismo es el primer paso hacia la espiritualidad, porque permite comenzar a respetar a todos los seres vivos. Matar a los animales para alimentarnos causa mucho dolor, porque los animales tienen sentidos y mente. La matanza impacta en su sistema entero, creando reacciones negativas, como la liberación de adrenalina en la sangre. Esto es una tortura. La persona que come la carne del animal muerto recibirá esos malos sentimientos. Las verduras son seres de un sentido, la categoría más baja de alimentos, para la supervivencia. Elige la forma más baja de seres vivientes para tu supervivencia porque son inconscientes. Incluso en ese caso, sólo come lo que realmente necesites.

Ser vegetariano, comer sólo frutas, verduras y granos, facilita la digestión en el cuerpo. La carne tarda aproximadamente tres días en procesarse. La comida ligera trae consigo una mente ligera y una mente ligera en la meditación para experimentar estados de *samadhi.*

Es una concepción equivocada que la carne es buena para el cerebro. Einstein, el genio, era vegetariano. Gandhi era vegetariano. Vegetarianismo significa *satvik*, divino. Los pensamientos son puros y con orientación espiritual, una persona puede ser muy buena. La comida vegetariana proviene directamente de la tierra. De esta manera, tenemos contacto directo con la Tierra, la madre que ofrece todo lo necesario. Significa que respetas la Tierra y eres divinos. Los pensamientos se centran en la dirección correcta.

¿Cómo funciona una transición a la dieta vegetariana?

Nuestros primeros antepasados eran cazadores y carnívoros. Más tarde, la gente se dio cuenta de los frutos de la naturaleza y desarrollaron un gusto por ellos. Fue la transición en la prehistoria. Después de eso, India nunca miró hacia atrás. Adoptaron la dieta vegetariana. El vegetarianismo tiene muchos beneficios. Muchas enfermedades se evitan por ser vegetariano; enfermedades como el cáncer, cardiopatías, y diabetes son algunas de ellas. En las primeras etapas del cáncer, puedes combinar brotes tiernos de trigo, agregar hojas de jengibre y albahaca, se hace un jugo con esto y tomas una cucharada por día. Una dieta vegetariana puede ayudar a curar el cáncer.

Como comedor de carne, la transición a volverse vegetariano puede ser difícil y debe hacerse gradualmente. Sé consciente de que es crueldad hacia los animales el comer su carne, y date cuenta de que estás comiendo el cadáver de un animal, que eres como un cementerio andante; esta consciencia por sí sola, inicia el cambio en una persona. Pero tienes que hacerlo poco a poco. En primer lugar, elimina la carne roja, que es el peor tipo de carne. Crea enfermedades arteriales debido al colesterol. Empieza a desarrollar el gusto por platos vegetarianos y toma un montón de proteína, como la proteína de soya, espinacas o brócoli, porque el cerebro requiere de proteínas para funcionar de forma óptima. Además, toma vitaminas para fortalecer tu cuerpo. Como vegetariano, puedes ser un modelo para tu familia. Trata de alimentar más y más con verduras a tus hijos, para que puedan desarrollar un gusto por ellas, desde etapas tempranas en la infancia. Si haces gradualmente la transición, no te enfermarás ni te sentirás débil, y perderás grasa de tu cuerpo. Usa verduras no fritas, para evitar comer grasa. Incluso la forma de tu cuerpo mejorará con una dieta vegetariana.

No seas fundamentalista con tu familia, para no crear fricciones. Sólo ten en cuenta que el vegetarianismo es una buena dieta, buena para la salud del cuerpo y la mente. Esto te llevará al camino espiritual. La buena salud está conectada a una buena mente y pensamientos. Te mejorarás a ti mismo y tus hijos podrán seguirte. Sé flexible y puede llegar a gustarle a tu familia. Ten paciencia con la transición.

El cuerpo humano está hecho para el vegetarianismo. Tenemos intestinos largos, lo cual significa que la comida permanece más tiempo en nuestro cuerpo. Las verduras permanecen un máximo de doce 12 horas, disminuyendo el peligro de la acumulación de toxinas en el cuerpo. Cena un mínimo de tres horas antes de acostarte. El vegetarianismo es el primer paso para la espiritualidad.

¿Por qué debemos ser vegetarianos?

Hay actualmente gran conciencia sobre el vegetarianismo, especialmente entre las celebridades. Verdaderamente, nacemos vegetarianos. El factor más obvio es que los dientes no coinciden con los de los animales que comen carne. No tenemos garras para apresar a nuestros alimentos. Los animales pueden digerir la carne cruda sin limpiarla. Los seres humanos no pueden hacer eso. Todos nuestros alimentos tienen que ser lavados de la suciedad y los insectos. Nuestros intestinos son muy largos en comparación con los animales. Los animales pueden digerir la carne muy rápido. Los seres humanos tardamos en digerir la carne cerca de tres días, lo que significa que los alimentos se echan a perder en los intestinos, causando enfermedades y dolencias. La carne también obstruye nuestras arterias.

En la cultura hindú, nuestros antepasados, que eran cazadores, comían carne. Desafortunadamente, su sangre todavía corre en nuestras venas. Necesitamos purificarla. Miles de años atrás, sin embargo, se dieron cuenta de que comer carne era dañino y declararon a la vaca un animal sagrado. Cuando la gente consideró que la vaca era sagrada, ya no la pudieron matar más. La vaca es considerada también como una madre, porque nos criamos con su leche. El movimiento de los derechos de los animales inició con el fin de proteger la vida de los animales.

El primo de Krishna, Neminath, el Tirthankar 22, tuvo esta visión: Krishna dispuso realizar su boda en una ciudad en una zona donde muchos animales estaban enjaulados. Su primo, preguntó a su auriga por qué los animales estaban allí. El auriga le informó que estaban allí para la boda, en espera de ser sacrificados. Inmediatamente ordenó al auriga liberar a todos los animales. Ese fue el origen de la conciencia de los derechos de los animales. Neminath luego pidió al auriga que lo llevara a la cima de la colina, y allí se convirtió en un monje, y más tarde llegó a ser iluminado. Krishna siguió este ejemplo, y ahora puedes ver en las imágenes de Krishna que siempre hay animales alrededor de él. Mientras toca la flauta, los animales están en un trance junto a él. Hasta los animales pueden entrar en un trance alrededor de una persona pacífica. Krishna amaba a su primo, y así siguió sus enseñanzas incondicionalmente.

Nuestros antepasados no poseían el conocimiento acerca del cultivo de vegetales. Estaban familiarizados solamente con la caza. Pasó el tiempo y descubrieron que podían cultivar hortalizas, llegaron a apreciar lo que la naturaleza les proporcionaba y gradualmente se inclinaron por el vegetarianismo. El vegetarianismo tiene la ventaja de ser saludable para nuestro cuerpo; ningún problema del corazón o las arterias proviene de comer alimentos vegetarianos.

El vegetarianismo te pone en el camino a la no violencia. La diferencia entre la carne y las verduras es la siguiente: la carne crece dentro del útero de la madre (humana o animal) y nace a través de un canal del cuerpo. Las verduras son cultivadas, nacen a través del suelo de la Tierra. Evita los productos de origen animal por razones de salud; incluso demasiada leche puede crear problemas en el cuerpo. Los carnívoros son rara vez conscientes de la crueldad que se está ejerciendo hacia los animales que consumen. Una vez que las personas tomen conciencia de esto, se volverán al vegetarianismo. También es aconsejable no usar zapatos de cuero excepto, tal como Gandhi en la India aconsejó, usar el cuero de animales ya muertos. Se fabrican sin violencia. Tenemos que levantar la voz contra los productos de origen animal. Por ejemplo, hacer una bolsa de piel de serpiente para mujer, se requiere las pieles de alrededor de 40 serpientes. El proceso para adquirir la piel es extremadamente cruel. Las serpientes son capturadas, colgadas de un clavo por su cabeza a un árbol y un hierro caliente se aplica a la piel para poder retirar la piel. Las serpientes se quedan colgadas y sufren una muerte larga y tortuosa. Los hombres que hacen esto, ni siquiera tienen la compasión de, por lo menos, retirar el clavo de cabeza de la serpiente o matarla. Todo esto se hace para hacer un bolso para una persona. Al menos, si deseas utilizar cuero, compra zapatos baratos. Muchas mujeres ricas usan zapatos de cuero costoso y declaran ser vegetarianas. A veces, para hacer los zapatos más caros, tienen que tomar al bebé del vientre del animal para conseguir la piel más suave. Por lo tanto, debes levantar tu voz contra estas prácticas, o por lo menos, tratar de evitar usar artículos costosos de piel.

Hay muchos productos sintéticos ahora en el mercado que parecen tan buenos como los productos de cuero. Promueve el uso de esos productos. Una vez hecho esto, te vas haciendo cada vez más y más vegetariano. Evita comer huevos también, porque la yema del huevo está llena de colesterol. El método de producir huevos también es antinatural. Los pollos son alimentados con ingredientes especiales que se mezclan en sus alimentos para producir más huevos. Sus cuerpos sufren por la mayor producción de huevos. Su vida es más corta, por eso, y por lo tanto, son sacrificados por su carne. Estos son sólo algunos ejemplos de la crueldad contra los animales con el fin de elaborar productos para el consumo humano. Tenemos que dejar de usar los productos animales o boicotear su uso.

Si puedes ser totalmente vegetariano, come lo que crece de la Tierra directamente. Si tienes un animal doméstico como una vaca u oveja, cuídalo bien, trátalo humanamente y utiliza su leche cuando la necesites.

Esto es aceptable. La carne, por el contrario, no es buena para la salud; comerla acortará tu vida. Padecerás enfermedades como presión arterial alta, colesterol alto, y podrías terminar necesitando costosas cirugías para corregir tus problemas.

Si no puede ser un vegetariano estricto, por lo menos sé moderadamente vegetariano. Las verduras pasan a través de tu sistema rápidamente, en menos de 12 horas. No es así con la carne. Mediante la protección de los animales, la humanidad puede traer belleza al planeta. Sigue la no-violencia volviéndote vegetariano. Siente la unidad con cada ser vivo, humano, animal, y vegetal. No cortas el manzano para obtener una manzana. El árbol se mantiene vivo. No se puede comer carne cortando sólo una pequeña parte del animal. Tendrás que matar el animal entero. Piensa en todas estas cosas.

Gandhi fue invitado a Londres para ver si podía ser convertido al cristianismo. Pensaban que, si él se convertía, todos en la India serían cristianos. ¿La conversión hace que el mundo sea mejor? No. Sólo enseña cosas buenas a la gente, no trates de convertirlos. Cuando Gandhi fue a quedarse con una familia cristiana, intentaban servirle carne, pero él se opuso y se negó a comer. Los niños del anfitrión le preguntaron por qué era vegetariano. Simplemente dijo que no deseaba matar animales, porque era como matar a un árbol por una manzana, o una planta de tomate por un tomate. Esa noche, en lugar de que Gandhi se convirtiera al cristianismo, los niños terminaron siguiendo las enseñanzas de Gandhi.

El vegetarianismo tiene efectos positivos sobre una persona, buena salud, flujo de energía buena y canales del cuerpo despejados. Sé vegetariano y practica la no-violencia.

¿Cómo se relaciona la no-violencia con la espiritualidad?

Si alguien puede seguir la no-violencia completamente, puede haber dado un paso hacia la liberación. La no-violencia es el primer paso hacia un alma liberada. Te conecta con los demás. Incluso los pensamientos negativos son violencia. Si dañas a alguien físicamente, mentalmente o con las palabras, cometes violencia. Si te abstienes de hacer daño, estás siguiendo la no-violencia.

Los seres vivos están en todas partes, incluso en el aire. Incluso las bacterias tienen una vida. No tenemos el derecho de hacerles daño porque ellas mantienen nuestra vida. Si rompes una rama de un árbol y la tiras, es una violencia inútil. Si deseas el fruto del árbol, basta con cosechar la fruta que vas a comer para alimentarte.

Si caminas, hablas, comes o duermes, hazlo con conciencia, y no acumularás karma. La conciencia es la clave. Si tienes conciencia, no puede lastimar a ningún ser viviente porque tiene un alma. Siente dolor; tiene mente y sentidos, aunque tal vez no sean tan desarrollados como el nuestro. En vez de dar dolor, da compasión y amor. Esto lleva a convertirte en un alma liberada, un *Siddha*, tu objetivo final.

Mahavir habló de *Anekant*, puntos multidimensionales de verdades. Si tienes conciencia multidimensional, estás siempre en paz. Necesitamos este principio para promover la paz mundial. *Anekantvad* nos alienta a considerar la posibilidad de que nadie es la única persona que tiene razón en el mundo. Otros también tienen razón. Pero sólo vemos nuestro punto de vista. No podemos ver todo con suficiente amplitud para decir que conocemos la verdad. Tenemos que considerar los puntos de vista de los demás.

Cuando se niega la existencia de otros puntos de vista, estás matando a todas las demás posibilidades que están presentes al mismo tiempo. La paz sucede cuando consideras el punto de vista de otras personas. El problema es que ninguna de las religiones enseña esto. Cada una insiste en ser la *única* y verdadera religión.

Si quieres que haya paz en la familia, en el barrio, en la sociedad, en la nación o entre las naciones, este principio debe seguirse. Este es el ángulo multidimensional de ver la verdad. Nunca uses la palabra "único". Esta palabra crea confusión en la sociedad. La palabra "único" es una palabra peligrosa. Cada uno tiene un punto de vista, y debemos tratar de considerar la validez de otros puntos de vista. En lugar de "único", utiliza la palabra "también" o "incluso". Escucha las opiniones de otros y la paz estará justo ahí contigo. Hay un poco de verdad en cada punto de vista.

Anekant creará paz. La no-violencia creará armonía. Aplica estos principios en tu vida si quieres ser un alma liberada.

¿Qué es la intuición?

Muchos piensan que la intuición es una práctica espiritual. Otros piensan que es el intelecto. La intuición va más allá del intelecto. La gente muy culta o muy intelectual no es necesariamente intuitiva. No puede practicarse la intuición. No es una técnica o método que se aplica a algo. La intuición simplemente ocurre y puede ocurrirle a cualquiera. No es condicional. No se conoce y no viene de lo desconocido. Les sucede a todos de vez en cuando, pero las personas no son conscientes de ello. Por ejemplo, si piensas en alguien, y esa persona aparece en tu puerta o te llama por teléfono, esto es intuición.

Mahoma, el profeta del islam, fue analfabeta. Según las enseñanzas del islam, un ángel apareció frente a él y le enseñó una escritura y le dijo: "Lee." Mahoma se sintió invadido por el miedo, porque no sabía leer. El ángel repitió, "Lee". Mahoma respondió: "No puedo leer". Por tercera vez el ángel dijo: "Lee". Mahoma, a pesar de su temor y temblor, leyó. Ese era el primer *ayath* del Corán. Ayath significa verso. Mahoma tenía 26 años entonces. Su esposa tenía 40 y era una mujer rica. Tenía miedo de decirle lo que le había pasado. Tenía fiebre y no sabía lo que le había sucedido. ¿Cómo podía haber leído las palabras? ¿las había leído realmente? Después de 3 días, le dijo la verdad a su esposa. Ella era culta y lo alentó.

Esta intuición proviene de lo desconocido. Lo que vio Mahoma no tenia significado, pero interpretan su visión de una manera diferente. Él fue capaz de leer por intuición. No sabía el significado. La mayoría de los ayaths en el Corán no tienen significado. ¿Cómo hacen sus seguidores para interpretar diversos significados en él? Cuando algo viene por intuición, no tiene significado. ¿Quiénes somos nosotros para poner sentido a estas visiones? Tal vez sean sólo hermosas canciones o poesía. Quienes asignan significado a estas canciones no hacen a justicia a

Mahoma. Para Mahoma vino naturalmente, para otros es un ejercicio académico. Esta es la gran diferencia. La intuición no viene a través de los medios académicos. Mahoma leyó intuitivamente y no lo sabía. Su esposa le hizo consciente de ello.

La sabiduría viene a través de la intuición. La intuición es la sombra de tu alma. Está más allá del intelecto, más allá de la mente y más allá de los sentidos. Si podemos despertar eso, se revelarán muchas cosas desconocidas. El misterio habrá desaparecido. La intuición erradica el misterio porque sucede naturalmente. Si la intuición se revela como poesía, sólo cántala y olvida el significado. No se supone que tenga significado.

La religión confunde asignando significados a la intuición. Este significado está guiando incorrectamente a la gente. La poesía en sí misma es hermosa. La intuición es lo más cercano al alma o a Dios. Necesitas mejorar tu intuición, lo que sucederá cuando estés totalmente relajado y libre de estrés. Es como dejarte llevar por el viento y fluir con él. La mente coopera contigo.

En la sociedad "civilizada", son pocas las posibilidades de la intuición. Es más fuerte entre la gente tribal y primitiva. Entre más natural permanezca la gente, más fuerte es la intuición. En sánscrito la palabra *antahpragnya* significa visión interna. La visión interna es la sabiduría, el don de la naturaleza. Esta intuición debe ser desarrollada por todo el mundo. Olvida el intelecto; sé natural como el viento, el Sol, la Luna, las estrellas o un niño, y tu intuición aparecerá.

¿Qué opinas de la espiritualidad Nueva Era?

Los seguidores de la "Nueva Era" están atrapados en una religión y subcultura. No son espirituales en absoluto. Piensan que encontraron la espiritualidad cuando recitan "*Om namah shivaya.*" También piensan que, por ir a los Himalayas a meditar, se convertirán en yoguis. Pero no han empezado a aprender. No puedes llegar a ser espiritual en un solo día. Se necesitan años para limpiar el cuerpo. Si una persona era un comedor de carne, las toxinas se acumularon en su cuerpo. Sus mentes y pensamientos tardan mucho tiempo en despejarse. Esta etiqueta de espiritualidad falsa cierra la puerta a las personas de la verdadera espiritualidad.

Una persona espiritual es una persona floreciente. Muy compasiva. Su florecimiento proviene de la práctica espiritual. No hablarán mal de otras personas, y no se consideran los únicos espirituales sobre la Tierra. Entre más espiritual sea alguien, más se expandirá en todas las direcciones. Las personas espirituales están vivas. Sentarse en una cueva a meditar no ayuda a la sociedad. Sólo una persona floreciente puede ayudar a la sociedad, pueden afectar a otros a su alrededor.

Si la gente del Nueva Era pudiera convertirse en gente espiritual, podrían florecer; de lo contrario se encuentran atrapados en pequeñas cosas. Un buscador espiritual excava profundamente en su ser y allí encuentra felicidad eterna. No debe aislarse de la sociedad. Su conocimiento puede compartirse si se integra a la sociedad. Puede traer un cambio a la gente a su alrededor. Cuando Mahavir y Buda estuvieron llenos de saber, se apresuraron a compartir sus conocimientos con la gente.

A veces se retiraban a la soledad hasta que llegaban a estar plenos otra vez. Su conocimiento los hacía vivos y gozosos. Difundieron la luz meditativa a todos.

Una persona espiritual es como una flor en su perfecto estado de florecimiento. Pueden estar en cualquier lugar del mundo y sentirse cómodos entre todas las personas. El conocimiento hace que una persona alcance la plenitud. Los hace estar vivos, amar y compartir. Eligen vivir en sociedad y no huyen de ella. Recuerda que todo el mundo ama a una persona perfecta y amorosa.

¿Cuáles son los conceptos erróneos de la espiritualidad?

Cuando la gente va a un templo, una iglesia, visita un gurú o swami, o recita un mantra, piensan que son espirituales. Estas cosas no tienen nada que ver con la espiritualidad. Cuando vas a un templo, oras o pides algo a Dios. Tus oraciones son como súplicas y cuando pides, te conviertes en un mendigo.

La espiritualidad comienza contigo. Cuando tu alma comienza a despertar, comienza su espiritualidad. La curiosidad por saber quién eres, puede hacerte una persona espiritual, si encuentras la dirección correcta. Si tus padres son religiosos, te harán una persona religiosa y romper con la religión es difícil. Puedes ser espiritual si un maestro logra afectar el núcleo de tu ser y darte dirección. Incluso algunas palabras de ellos pueden crear caos dentro de ti y causar que desees despertar. Empiezas a pensar, "¿Quién soy yo? ¿De dónde vengo? ¿Dónde iré después de que muera?" Esta curiosidad puede crear caos dentro de ti. Cuando tu ser despierta, empiezas a conocerte a ti mismo, y se disolverán todos los conceptos erróneos. Comenzarás a preguntar, "¿Cuál es el poder que opera más allá de mis sentidos? ¿Existía ya mi imaginación antes de que yo naciera?" Cuando trabajes con tu propio ser, sabrás que no naciste con la mente o el pensamiento. Naciste puro, porque tu alma es pura. Para ir hacia esa pureza tienes que ir paso a paso.

El alma es como un espejo que no muestra el reflejo cuando alguien se detiene delante de él. No hay ningún karma, ninguna mente y ninguna imaginación, ni felicidad. Es pura. Cuando decimos gozo significa que no existe tal gozo, por lo tanto, aún está en la dualidad. La mente es como un depósito de chatarra. La seguimos llenando con información. Si utilizamos la mente para entender, es un buen instrumento. La mente necesita ser limpiada. Una vez que se purifica, no hay ningún reflejo en el espejo porque no hay ningún objeto. Cuando no hay ningún objeto, comienza la espiritualidad. Todas las creencias son como objetos. Donde hay un objeto y pensamiento, hay un reflejo en el espejo.

Si tan solo pudieras sólo *ser*, todos los pensamientos, las religiones y karmas te dejarían. ¿Puedes estar en ese estado de conciencia? Ese estado te hace espiritual. Eres una pizarra en blanco. Cuando buceas profundamente en tu ser, encontrarás la pureza allí. Cuanto más te sumerjas, te volverás más espiritual. Sé como un espejo sin reflejo, sin ningún objeto, y entonces, ya serás espiritual.

ALMA

¿Qué son las almas gemelas? (212)

¿Qué son los ángeles, ángeles guardianes y guías espirituales? (213)

¿Es posible vivir para siempre? (215)

¿Son las experiencias cercanas a la muerte verdaderas o falsas? (216)

¿Cuál es tu opinión sobre el destino y la coincidencia? (218)

¿Existen los fantasmas y espíritus? (219)

¿Debemos temer a fantasmas, espíritus y almas perdidas? (220)

¿Qué sucede cuando morimos? ¿a dónde vamos? (221)

¿Cómo explicas el alma? (223)

¿Cómo criar a los hijos para ser espirituales? (225)

¿Es esta la era de la espiritualidad? (226)

¿Qué consideras como la raíz del pecado? (227)

¿La espiritualidad se ha perdido alguna vez? (228)

¿Cómo puede alguien ser espiritual en nuestra sociedad actual? (229)

¿Cuáles son algunos consejos adicionales para criar a los hijos? (230)

¿Cómo ir más allá de la mente y el ego? (232)

¿Qué es la transformación espiritual? (233)

¿Qué es Dios? ¿qué es el alma? (235)

¿Hay alguna diferencia entre el alma y Dios? (236)

ALMA

El alma no es un tema que puede ser investigado; tiene que ser descubierto. Para llegar a este descubrimiento, uno debe entender que no es fácil. Requiere mucho esfuerzo y energía. El descubrimiento del alma es como sumergirse en el océano profundo de tu conciencia. La mayoría de la gente sólo se sienta en la orilla; no se sumerge. Estas personas representan la mayoría de la sociedad. Tienen miedos a descubrir a su verdadero yo, miedo a sumergirse en lo desconocido. La gente débil y temerosa tiene miedo de descubrir el alma, porque es como la muerte. Temen el final de su estado anterior de "ser", de las creencias y verdades percibidas en algún momento. Por eso es que, sólo quien intenta seguir la enseñanza de los iluminados como Mahavir, logran descubrirla.

El atma tiene conocimiento inmenso, gran poder y sensación. Experimenta dolor, sufrimiento y placer. Todo lo que piensas y sientes, reside en el alma. Se origina en el alma. Pero sólo se puede conocer el alma, lograr la realización del alma, si es que te sumerges profundamente en tu consciencia. Es por eso que digo, "entiende el alma, conoce el alma y medita sobre el alma." Una vez que la conozcas, podrás conocerte a ti mismo. El alma es amorfa, y más allá de las limitaciones de las palabras; esto es un obstáculo para una persona. Este es el tema del que hay que darse cuenta. El alma es atemporal, no se mueve en el tiempo y no vejece. Existe sin principio.

Es lamentable que el alma esté rodeada por ignorancia, apego, oscuridad y karma. Por esta razón el descubrimiento del alma es abrumador para algunos. Este sentimiento depende de los sentidos y la mente. Pero si el alma despierta, si ocurre el despertar interior, entonces, el descubrimiento no está muy lejos. No está siquiera a un paso de ti. Es por eso que digo que hay que dar el paso hacia el descubrimiento de tu alma.

Toda la eternidad, el alma ha sido cubierta por los karmas, por la oscuridad. Uno debe quitar todas las tinieblas, todos los karmas. Para ello, se deben realizar *sadhana*, o prácticas espirituales y *tapas*. Estas técnicas quitarán todas las capas del karma. Después de esto, el alma se vuelve como un ave libre. Está libre de las trampas del karma y de la oscuridad. Despierta. El alma despierta es el alma real.

¿Qué son las almas gemelas?

Según la mitología hindú, Shiva encuentra la misma alma una y otra vez. A veces es Parvathi, a veces Uma y otras personas, pero el alma es la misma. Krishna encuentra a Radha o Rukmani una y otra vez. Las almas gemelas más fuertes fueron Rama y Sita. Sita era una amada esposa y alma. Ellos pensaban uno del otro, que eran almas gemelas.

En la India, también existe la creencia equivocada que cuando un hombre se casa, su esposa hará ayuno una vez al año, y que al hacer eso, él y ella se encontrarán una y otra vez en las siguientes siete vidas. La verdad es que cada ser vivo tiene una relación uno con el otro, por lo menos siete veces en vidas diferentes. Es un proceso evolutivo. En la cultura de occidente, cuando una mujer conoce a un hombre de intereses similares, que la llena de maravillosas palabras, ella comienza a pensar que es su alma gemela. Pero este encanto no dura y pronto se divorcian. Fue simplemente atracción.

El concepto de alma gemela es cuando hay una sola alma compartida por dos personas, y entonces ellas se reúnen una y otra vez en vidas diferentes. No son necesariamente marido y mujer. Pueden ser hermanas, hermanos o amigos, pero se encuentran una y otra vez. Se atraen mutuamente. Tienen dos cuerpos, sin embargo, se convierten en uno. No pelean entre sí a lo largo de sus vidas.

Un alma gemela puede ser cualquiera. Las almas gemelas viven enamoradas y nunca se cansan una de la otra. Siempre están en sintonía. Puedes tener una mascota como tu alma gemela y la puedes encontrar en cualquier lugar. Incluso un árbol puede ser tu alma gemela, y tu amor fluirá hacia el árbol. Tu alma gemela no se desaparece. Se encontrarán una y otra vez a través de diferentes relaciones. Este es el concepto correcto de alma gemela. El concepto de almas gemelas sólo para los amantes es un error.

¿Qué son los ángeles, ángeles guardianes y guías espirituales?

En sánscrito, un ángel se llama *dev* (o *devi* cuando es mujer). Todas las religiones creen en los ángeles. Los ángeles son muy importantes en la religión más antigua del mundo, el jainismo. Los jainistas creen hay veintiséis cielos, cada uno superior al otro. En el cristianismo, un ángel se apareció a la Virgen María, para contarle sobre la concepción de Jesús. La idea del ángel Gabriel es igual a Hiranyagaveshi de la religión jainista. Su función es la misma en ambas religiones.

Los ángeles son entidades sin cuerpos físicos. Tienen cuerpos astrales. No puede ser vistos con el ojo desnudo. Cuando afirman ver ángeles, son sólo producto de sus mentes. Sólo se pueden sentir los ángeles. A veces la gente siente a los ángeles tocándolos o curándolos. Su cuerpo es astral, como el aire. Los ángeles existen en diferentes formas, en diferentes planetas. En raras ocasiones pueden aparecer en este mundo. El encuentro con un ángel puede ser como una bendición. La gente adora a los ángeles por sus propias razones egoístas: porque quieren algo de ellos. Un ángel puede ser muy cariñoso contigo, puede cuidarte y protegerte.

En la cultura hindú, existe una idea extraña de que un ángel se puede hacer tu esclavo haciendo ciertos sadhanas. Pero los ángeles no quieren que la gente haga tal cosa. Sin embargo, si la gente continúa haciendo tal sadhana, el ángel comenzará a obedecerle. Es una creencia común que tenemos ángeles guardianes de diferentes planetas para protegernos. Pero en realidad, es tu propio espíritu que se convierte en tu ángel de la guarda. Por medio de una simple práctica espiritual tendrás tu propio ángel de la guarda.

En la mañana, al amanecer, sal al sol y concéntrate en tu propia sombra sin pestañear los ojos. A través de la práctica persistente, la sombra se convertirá en un hombre de verdad. Esta práctica necesita una gran cantidad de valor, confianza y concentración, esta es una práctica difícil llamada *chhayapurush siddhi*. Con esta práctica, la sombra, ahora tu ángel, comenzará a obedecerte. Puedes enviar este *chhayapurush* a otro mundo y traerá nueva información. Por medio de la práctica espiritual y alcanzando los más altos estados de conciencia, tu propio espíritu se convierte en tu propio ángel de la guarda.

Los ángeles no aparecen en la Tierra con frecuencia, sin embargo. A veces, los ángeles están a nuestro alrededor, pero no podemos sentirlos. Muchas personas son como ángeles, como niños recién nacidos que son muy puros. Cuando tu corazón es puro y tranquilo, y tu mente no está presente, puedes ponerte en contacto con tu propio espíritu y ese ángel puede protegerte. Existes. Tu alma existe. Puedes ser tu propio ángel, guardián y espíritu, mediante la mejora de ti mismo a través de la práctica espiritual.

¿Es posible vivir para siempre?

Preguntas si el espíritu es inmortal. Sí, el alma es inmortal; vive para siempre. El alma (luz) y la materia (objeto) son eternos y cambian de forma. Un árbol de hoy puede venir en la forma de un cuerpo humano en otro tiempo. El cuerpo humano es una combinación de cinco elementos. Todo lo demás es también una combinación de estos elementos. Estos elementos nunca mueren.

El alma también cambia de forma. Puede venir en forma de un cuerpo humano o en la forma de un cuerpo animal según su karma. Según tus obras y karma, asumes tu cuerpo. El cuerpo es un instrumento y es el mejor, porque tiene una mente desarrollada. La mente humana puede pensar, experimentar y darse cuenta. Todas las civilizaciones son construcciones del hombre, pero no las formas de vida de animales.

Construye tu karma para que siempre encarnes como humano. La antigua forma del catolicismo aceptaba la reencarnación y el karma, pero más tarde la iglesia abandonó estas ideas. Jesús, que estudió en la India, predicaba la reencarnación, y fue crucificado por sus ideas. Hoy, la gente sabe acerca del karma y acepta la idea de la reencarnación.

El alma nunca morirá. Volverá en otra forma. Sólo estamos cambiando la forma así como cambiamos de ropa. Cambiamos de un viejo cuerpo a un nuevo cuerpo. El desafío es deshacerse de toda la miseria, y estoy aquí para ayudarte a hacerlo. Una vez retirada la miseria, estás en un estado constante de dicha eterna, que es mucho más que la felicidad.

¿Son las experiencias cercanas a la muerte verdaderas o falsas?

Casi todo el mundo tiene experiencias cercanas a la muerte. Para algunas personas que las experimentan son ciertas, aunque no en el sentido real. Al salir de un coma, las personas experimentan un montón de cosas. En accidentes, la gente tiene experiencias cercanas a la muerte. Puede parecer que han muerto, pero cuando están a punto de ser enterrados, despiertan y hablan de sus experiencias. Estas experiencias son verdaderas.

Un hindú tendrá una experiencia diferente que un musulmán o un cristiano. Un hindú, tendrá la visión de un Dharmraja (especie de un contador del karma). Un jainista, verá un ángel o Indra (rey de los cielos).

Un cristiano puede que vea a Jesús o un ángel. Un musulmán verá a Allah o Mahoma, no un ángel. ¿Por qué la gran diferencia?

La gente ve lo que ellos creen. Las visiones no tienen nada que ver con la realidad: son el producto de la mente, una ilusión. Pero la ilusión puede a veces ser verdad. Voy a compartir un verdadero incidente que sucedió en la ciudad donde nací, un hombre hindú estaba a punto de ser cremado cuando despertó y se sentó. Dijo que se encontró con Dharmraja, que dijo a sus mensajeros, "trajiste a la persona equivocada. Trae al que tiene el mismo nombre pero que vive en un barrio diferente". El hombre hindú preguntó a Dharmraja, cuándo llegaría su turno, a lo que él contestó, "en tres días". Como le dijo eso, el hombre murió después de tres días.

En la muerte, el alma está en un estado en que lo que se ve es mejor que un sueño y la experiencia puede parecer verdadera. La persona no está realmente muerta, pero sí totalmente inconsciente. Alguien que se ha ahogado estará en ese estado por unas horas y experimentará esas visiones. En experiencias cercanas a la muerte, una persona puede ver su alma separarse del cuerpo. Se dará cuenta que el alma puede ver sin ojos. Este tipo de experiencias son experiencias reales, porque el alma se ha separado del cuerpo. Además, en experiencias cercanas a la muerte, la gente ve lo que en ellos creen y no es la realidad, sino un producto de la mente. A veces, una experiencia de muerte cercana puede conectarte a una vida pasada o incluso más atrás en el tiempo. Otras veces la persona puede encontrarse con sus antepasados. Esa experiencia es verdadera en ese estado del ser. Si la persona era un buscador espiritual, la experiencia será una verdadera experiencia y no el producto de la mente.

¿Cuál es tu opinión sobre el destino y la coincidencia

Las personas utilizan el término, "tenía que suceder" a menudo para referirse a los acontecimientos, quizás después de conocer a alguien, de comprar una casa, etc. Se utiliza tan a menudo como "es la voluntad de Dios". Cuando suceden cosas malas, nunca dicen, "es la voluntad de Dios" o "tenía que suceder". Este término se utilice mal porque Dios no tiene voluntad. Sólo los seres humanos tienen voluntad. Dios está más allá de *raga* (apego) y *dwesha* (odio), las semillas profundas que tienen los seres humanos y que los hace vagar en el ciclo de nacimientos y muertes. En el nombre de Dios, la gente hace muchas cosas malas. El nombre de Dios es abusado porque los seres humanos no quieren hacerse responsables de sus acciones. Dios no tiene cuerpo, límites ni forma. Dios es luz pura. Dios no se ve afectado por nada. Dios no creó este mundo. El mundo es eterno. Nuestras almas son eternas. El mundo y las almas solo cambian de forma con el tiempo.

Es interesante, sin embargo, que cuando usamos el término "tenía que suceder," es cuando se trata de cosas buenas. En realidad, no hay necesidad de este término. También se utiliza el término "coincidencia". Otra vez se utiliza mal. Las cosas no son coincidentes. Las cosas simplemente fluyen. Todo está fluyendo en todas partes y en todo momento. En el flujo nos encontramos. Otro término mal usado es "destino", que es visto como buena suerte o mala suerte. En lugar de destino debemos utilizar el término, "predestinado". Los seres humanos crean y cambian su propio destino por el karma que crean. Buenos pensamientos traen buen destino. Al acumular buen karma, estás predestinado a tener buena suerte. No son las palabras "coincidencia" o "destino" las que debe utilizarse. Es un error decir "tenía que suceder".

¿Existen los fantasmas y espíritus?

La gente siempre quiere saber si alguna otra cosa además de ellos existe. Los fantasmas y espíritus existen, y es importante entender que cuando la gente se suicida, se vuelven "almas perdidas". Las personas que mueren en forma natural por lo general logran otro cuerpo físico. Decimos "alma perdida", pero lo que realmente significa es un alma sin cuerpo.

Existen distintos cuerpos: el *audaric*, que es el cuerpo físico que consiste en carne, sangre, huesos, nervios, etc. El siguiente es *vakraiya*, que es el cuerpo que se expande y se contrae. Esto es debido a un cierto nivel de logro en la práctica de yoga. Los ángeles tienen esta capacidad. Luego se encuentra un cuerpo sutil, que es invisible. El cuerpo sutil se puede sentir, pero no puede ser tocado. Es como el aire. La persona que comete suicidio, pero le quedaban más de 50 años de vida, no conseguirá un cuerpo físico. Un cuerpo físico es como un hogar para el alma. El alma se siente cómoda en el cuerpo. Pero si no tienes un cuerpo físico, vives como una"alma perdida" con el cuerpo sutil solamente. Esta alma es un vagabundo, como una persona sin hogar. No tiene un hogar o refugio. No se siente segura. Las personas en los niveles espirituales más altos pueden sentir la presencia de estas almas.

No importa cuán deprimido estés, no consideres el suicidio porque te convertirás en un alma sin cuerpo, un alma sin hogar. La gente no te verá como un espíritu y eso te puede perturbar. Este disturbio causa que el alma se traumatice y torture a gente que todavía tiene cuerpo. Estas almas se pierden porque no tienen hogar. Están furiosas y son vengativas como consecuencia. Encuentran casas abandonadas o incluso árboles para vivir. Si las molestas, pueden agarrarte y volverte inconsciente. Un alma perdida que murió por suicidio puede quedarse en el lugar de su muerte y producir disturbios. Ten cuidado de no faltar el respeto a un hogar o lugar. Permanece lo más limpio y puro para que no seas perturbado por ellas. Ten cuidado de no molestarlas tampoco.

¿Debemos temer a fantasmas, espíritus y almas perdidas?

No debemos temer a los fantasmas. Sólo buscan venganza contra una persona que abusó o se aprovechó de ellos durante su tiempo de vida. A raíz de la depresión, se suicidaron y se convirtieron en fantasmas o almas perdidas. Como un fantasma, perturban a la persona que abusó de ellos y a toda su familia. Sólo debes tener miedo a los fantasmas si has perturbado a alguien en tu vida, de lo contrario, los fantasmas no te perseguirán. Una vez que se establecen, no molestan a la gente. Después de aproximadamente dos años, más o menos, aceptan que no pueden tener un cuerpo físico. Otros fantasmas les enseñan a no molestar a las personas para no acumular karma negativo. Como no los puedes ver, podrías estar molestándolos sin saberlo, y esa es la única razón por la que desearían molestarte. Si suceden cosas antinaturales en tu casa, debes buscar la ayuda de una persona que esté en el nivel superior de conciencia, que pueda ayudarte a resolver el problema.

Generalmente la gente acude a un sacerdote para pedirle ayuda para este tipo de problemas. Pero los sacerdotes no pueden ayudar, porque no están en ese nivel. Los sacerdotes solo pueden recitar de un libro, como la Biblia. Oran y repiten el mismo mensaje una y otra vez. Los sacerdotes no pueden ver a los fantasmas. Es inútil para los sacerdotes hablar con ellos. La gente puede obtener únicamente alivio psicológico al hablar con un sacerdote. Necesitas encontrar a una persona que esté en un nivel alto de conciencia para comunicarte con los fantasmas para solucionar el problema.

¿Qué sucede cuando morimos? ¿a dónde vamos?

Todos los seres vivos, incluso a la categoría más baja de bacterias, tienen miedo a la muerte. Es el primer temor y todos los otros miedos son alimentados por él.

La gente muere de diferentes maneras. Cualquier karma que hayas recolectado determinará en qué tipo de familia habrás de retornar. Es posible que tengas buen karma, pero podrías nacer en una familia pobre. Tu karma podría traerte con unos muy buenos padres que te enseñarán y guiarán. Cuando una persona está muriendo, hay indicios de dónde irá después de la muerte. Si una persona va a nacer como un ser humano, tendrá visiones de una reunión de gente alrededor de él o ella en sus últimos días. Otros, que volverán como animales, ven animales reunidos a su alrededor. Aquellos que volverán en formas de vida aún más inferiores verán figuras de la muerte tirando de ellos. Si acumulas muy buen karma, podrías convertirte en un ángel, sin un cuerpo físico. Los ángeles tienen cuerpos sutiles astrales e invisibles. En el momento de la muerte, verás ángeles bajando y reuniéndose a tu alrededor.

Cuando el alma de la persona sale del cuerpo por la parte inferior del cuerpo, esa persona está bajando al reino animal. Esa parte del cuerpo será más caliente que el resto. Si el área del pecho está caliente, esa persona será humana. Si el alma está saliendo por la boca, la boca se abrirá y esa persona será un ángel. Si el pelo se ve recto hacia arriba, significa que el alma está saliendo por la parte superior de la cabeza. Esa persona será un ángel mayor que puede ayudar a los demás.

Las cuatro salidas del alma son:

1. Pies: significa que tendrá una siguiente vida de infierno y sufrimiento.

2. Rodillas a cadera: conducirá a una vida animal.

3. Ombligo hasta la salida de pecho: conducirá a una vida humana.

4. Sobre el pecho: conducirá a una experiencia de tipo celestial, como un ser ángel.

Cualquier cosa que hayas hecho, la persona está obligada a ir a donde se merece. Recoge buen karma para que tu alma te lleve hacia una familia espiritual. Es tu decisión lo que quieras hacer. Haz el bien, obtendrás el bien. Haz el mal, obtendrás el mal. El karma funciona de esta manera.

Tenlo en cuenta.

¿Cómo explicar el alma?

El alma es Dios, paramatma o atma. El alma no puede captarse en palabras. Es indescriptible. A menos que lo realices, no puedes decir que conoces a Dios. Tal vez Dios es como el sonido. Puede pronunciarse la palabra "Dios", pero eso no significa que conoces a Dios. Es sólo una palabra. El alma es invisible; Dios es invisible. El alma es muy cercana a nosotros y reside en nuestro cuerpo vivo. Tenemos sensaciones, emociones, dolor y felicidad. Cuando el cuerpo está vivo, sientes todas estas cosas, así que hay algo único en él. Sin embargo, el alma es inexplicable. Puedes sentir amor, pero no puedes explicarlo. Las palabras no capturarán todo lo que es. Esta es la razón por la que el alma sólo puede ser realizada, no verse ni experimentarse.

Un príncipe preguntó a Buda, "¿Qué es el alma para ti?" Buda respondió: "Cuánto tiempo has estado haciendo esta pregunta?" El príncipe dijo: "Casi treinta años." Buda dijo: "No puedo responder tu pregunta, ya que será una respuesta más, agregada a tu colección de respuestas". Pero él dijo: "puedo darte una técnica con la condición de que no me preguntes ahora. Puedes venir y hacerme la misma pregunta después de un año." Un monje superior, que estaba sentado cerca de Buda, se rio y dijo al príncipe, " debes hacer tu pregunta ahora, de lo contrario nunca preguntarás. Llegué aquí hace un año y ahora no puedo hacer la pregunta. Este hombre, Buda, es muy engañoso". Pero el príncipe ya había aceptado la condición, por lo que no preguntó. Después de pasado el año, el Buda se acordó del príncipe. Preguntó, "¿Dónde está ese príncipe? ¿Necesitaba hacer su pregunta" El propio príncipe estaba preguntándose lo mismo, "¿quién es ese príncipe?" Después de permanecer en silencio durante un año, su pregunta se había evaporado. Cuando una pregunta ya no existe, no puede decirse. El príncipe no podía reconocerse a sí mismo. Comenzó a buscar al príncipe. Buda entonces le recordó que él era el príncipe y el príncipe dijo: "si yo soy ese príncipe, entonces ya no tengo preguntas. Solía tener mil preguntas, pero mi año de silencio eliminó todas ellas". Eso es el alma.

El alma se puede realizar en silencio total y vivacidad total. La vivacidad total se siente cuando estás con la naturaleza, con una persona o con el sexo opuesto cuando sientes amor. Entonces estás muy cerca del alma. El alma no puede explicarse; así que no te dejes seducir por malas interpretaciones o engañar cuando alguien intente explicarte. Hay muchos maestros engañosos en el mundo. Cuando te das cuenta del alma a través de tu propio silencio, puedes llegar a la vivacidad total y a la felicidad total. Puedes conectar con tu propio ser. Entonces estás contigo mismo. Vivir con tu propio ser, y llegar a tu alma. Puede que te des cuenta de ello a pesar de que no se pueda probar científicamente. Se trata de una técnica para tu uso, con el fin de acercarte a tu alma.

El alma no tiene forma, ni molde. No es la luz que conoces bien. Pero el lenguaje no tiene ninguna palabra mejor para ella. El alma es como la luz que se ve y conoce a sí misma y que conoce a otros. Ninguna otra luz se conoce a sí misma; solamente refleja. Busca esa luz que ha estado contigo. Has estado buscándola durante siglos y no eres consciente de que siempre ha estado contigo. Búscala en tu propio ser. Cierra los ojos. Relájate. Sé.

¿Cómo criar a los hijos para ser espirituales?

Por naturaleza, los niños son muy espirituales. Son inocentes y puros. Son como una flor en el jardín. La espiritualidad comienza contigo. Reside en el corazón puro, una pizarra en blanco. El papel de los padres es el más importante. Como padre, necesitas entender la espiritualidad. Tienes que hacer un par de cosas para criar hijos espirituales. En vez de darles juguetes a tus hijos, comparte historias acerca de maestros espirituales. Un día, el niño te respetará, y a los maestros, y hará preguntas acerca de ellos. Como padre, necesitas saber de ellos primero. Los niños tienen mucha curiosidad, que puede llevarlos a la espiritualidad. La curiosidad busca soluciones, no respuestas. Las respuestas no satisfacen, porque la curiosidad de un niño no es una pregunta. La curiosidad es una sed, y conduce al aprendizaje.

Si no conoces la respuesta, encuentra un maestro y no un sacerdote. Un sacerdote recitará de los libros y repetirá palabras como un loro. No puede enseñar a los niños espiritualidad. La espiritualidad es acerca de ti y tus experiencias. Y de las experiencias de los niños también. Están cerca de sus vidas anteriores y tienen vistazos de ellas hasta los siete años de edad. Los padres tienen que tener mucho cuidado para no ofender a sus hijos, porque son muy sensibles. Si su sensibilidad es burlada o ignorada, se vuelven muy rebeldes. Llevarlos a un psicólogo es un error porque no se les permitirá crecer y madurar bajo el cuidado del psicólogo.

Los niños necesitan que se les diga que no son un cuerpo, que hay una luz dentro de ellos. Tienen que cerrar los ojos y ver los colores y la luz. Se les debe decir que tal vez podrían encontrar a Dios dentro. Así, aprenden a mirar hacia adentro. Si un niño habla de su vida anterior, debes escucharlo y apoyarlo. Crecerán como seres espirituales. Comenzarán preguntando quienes fueron los grandes maestros espirituales. Un niño desarrollará este tipo de curiosidad. Da a los niños alimentos saludables, como frutas y verduras. Necesitan muchas vitaminas para crecer. Un cuerpo sano, mente sana y alma saludable hará a un niño más espiritual.

¿Es esta la era de la espiritualidad?

Este es el mejor momento para la espiritualidad. La espiritualidad se está extendiendo por el mundo. Solía ser la riqueza de la India en el pasado. Pero lamentablemente, India ahora está obsesionada con la riqueza, que es una trampa para el país. Los Estados Unidos se benefician ahora de la espiritualidad. Este país ya ha experimentado la inutilidad de la riqueza y está volviendo a lo que es más valioso. Los países árabes y africanos no son muy espiritual. La razón es porque existe la pobreza y la violencia en esos lugares. India y EEUU han pasado por muchas crisis, especialmente relacionadas con la riqueza. Es sólo después de esas experiencias que las personas se dan cuenta de que no hay ningún valor a tener miles de millones de dólares. Al final, tenemos que irnos con las manos vacías, no importa cuánto acumules durante toda la vida.

Se trata de la época de la espiritualidad. La espiritualidad puede crecer muy rápido de ahora en adelante, gracias a todas las herramientas tecnológicas que están a nuestra disposición. Estas herramientas no estaban disponibles durante la época de Buda, Mahavir o Lao Tzu. La Internet permite ver y oír al maestro, no solo leer sobre su enseñanza. Las personas son demasiado perezosas para recorrer kilómetros para escuchar al maestro, y el Internet proporciona los medios para aprender del maestro. Este período es el mejor para la espiritualidad.

Según el jainismo y otras religiones indias, este periodo es el *Kali Yuga*, la peor época, pero realmente este es el mejor momento en la historia. La espiritualidad puede aprenderse rápidamente a través de la tecnología de la Internet. Los nacidos en este período son las personas más afortunadas. La espiritualidad se expandirá más y más durante este período. Ahora es la era de la espiritualidad.

¿Qué considera como la raíz del pecado?

El rey Akbar de India y su ministro, Birbal, solían pasear juntos por las tardes. Un día, estaban pasando por una tienda y se dieron cuenta de que el dueño estaba sentado y estaba muy triste. Le preguntaron por qué se sentía tan triste. Les dijo que al principio del invierno había comprado cien mantas por 5 rupias cada una, con la esperanza de venderlas todas. Pero no había podido vender ninguna y el invierno estaba llegando a su fin. Al día siguiente, el rey anunció que todos tenían que venir a la reunión de la corte con una manta; de lo contrario tendrían que pagar una multa. Todos fueron a la tienda del hombre y le compraron sus mantas, pero comenzó a subir el precio. Vendió todas excepto una, que quería guardar para sí mismo. Birbal llegó a comprar la última manta. Ofreció al comerciante 100 rupias.

El comerciante no la vendía. Hasta que Birbal ofreció 200 rupias y logró comprarla. Al día siguiente, el rey y Birbal caminaban por la tienda del hombre y lo vieron muy triste otra vez. El rey quería saber la razón. El comerciante estaba molesto porque no había subido el precio de las mantas desde el principio. Dijo que podía haber hecho mucho más dinero y volverse aún más rico si hubiese vendido cada manta en 100 rupias.

La naturaleza humana es tal, que no logra la satisfacción sin importar cuánto dinero haga la persona. El dinero conduce a la tristeza, decepción y frustración. Puede ser feliz por un tiempo, pero la tristeza vuelve inevitablemente. La raíz de la depresión y la decepción es la codicia. La codicia es la raíz del pecado.

Tenemos que darnos cuenta dónde está esa raíz y echar luz sobre ella para que muera. Cuando las raíces ven la luz, mueren. Trabaja en la raíz de la codicia, para que puedas ganar libertad. La liberación de la avaricia de cualquier cosa trae la felicidad.

¿La espiritualidad se ha perdido alguna vez?

La gente en el principio de los tiempos no poseía espiritualidad. Vivían de manera primitiva, sin embargo, estaban contentos con lo que tenían. No tenían expectativas. Estaban contentos y vivían muy cómodamente. Cuando la gente vive en apego al lujo, la espiritualidad no los alcanza. Los ángeles viven en el cielo, en el lujo, y carecen de espiritualidad. Demasiado lujo es perjudicial para una persona, porque entonces carecen de la inspiración para descubrirse a ellos mismos. Del mismo modo, demasiado sufrimiento impide que una persona se descubra a sí misma.

Cuando los períodos de paz son seguidos de períodos de caos, la gente comienza a cuestionar la vida y eso inicia el principio de la espiritualidad. Estamos viviendo una época donde todo el mundo sufre y nadie está satisfecho. Se trata todo de un estado mental. La espiritualidad comienza cuando hay una búsqueda para encontrar la felicidad. Somos afortunados de vivir durante este período en la Tierra, porque la espiritualidad florecerá. Las religiones desaparecerán, porque a diferencia de las religiones, la espiritualidad expande a las personas. Durante este tiempo, en el que la Internet trae todo el mundo a nuestra casa, somos capaces de ser testigos del sufrimiento y dolor de todas las personas.

Las personas nacidas durante este tiempo tienen el potencial de ser verdadera gente espiritual, y sólo las personas espirituales pueden prosperar y expandirse hacia una mayor conciencia o divinidad. Dios es *virat*, el expandido. Tu alma es también virat. Tú y Dios son lo mismo una vez que la expansión se lleva a cabo. Entra en contacto con tu propio ser, ve a la parte más profunda de tu ser y encontrarás la espiritualidad.

¿Cómo puede alguien ser espiritual en nuestra sociedad actual?

La sociedad tiene miedo de un buscador espiritual. Cuando un buscador comienza a florecer bajo la guía de un maestro vivo, la sociedad lo mira con desprecio. Se les considera locos, y es difícil para la sociedad aceptarlos. Todos los maestros vivos son considerados locos porque no caen dentro de las normas de la sociedad. Las personas que siguen las enseñanzas de la Nueva Era no son espirituales, porque están confundidas y caen en la trampa de las enseñanzas religiosas, como Prabhupada o Muktananda.

Los buscadores que tienen un maestro vivo son muy afortunados. Están con el maestro por una sola razón, que es aprender. Su curiosidad es sólo para aprender. Esto hace que sea difícil para que la sociedad los acepte; sin embargo, en algún momento la sociedad tendrá que darse cuenta de que sólo una persona espiritual puede traer la paz. Si miles de personas espirituales en los EEUU se unen para sentarse en meditación y envían energía positiva, prevalecerá la paz en todo el país. Contrario a las prácticas de gente religiosa que ora a Dios para pedir las cosas, las personas espirituales trabajan en la sociedad desinteresadamente. Las personas espirituales son naturales; fluyen y aprenden. Crecen y florecen.

¿Cuáles son algunos consejos adicionales para criar a los hijos?

Una madre es el primer maestro de un niño. Si eres un buen padre, puedes criar a un niño bueno. Los buenos padres son aquellos que mantienen al niño con ellos y le enseñan. Un niño necesita amor de sus padres. Son como una pizarra en blanco, y una madre puede escribir en la pizarra. Si escribes cosas malas, el niño aprende sólo cosas malas. Así, pues, enseña cosas buenas a tus hijos. Si deseas que tus hijos crezcan espiritualmente, habla y escucha pacientemente. Podrían empezar a referir y hablar de su vida pasada. Escucha sus experiencias. Hay que estar muy atentos a los niños. Responde todas sus preguntas y ayúdales a construir su vocabulario. Habla con tus hijos. Estimula el interés de tus hijos en el aprendizaje de la espiritualidad. Estimula su curiosidad. Incúlcales que el aprendizaje es divertido.

Los niños viven lo que aprenden:

Si un niño vive con crítica, aprende a condenar.

Si un niño vive con el ridículo, aprende a ser tímido.

Si un niño vive con vergüenza, aprende a sentir culpa.

Por otro lado:

Si un niño vive con tolerancia, aprende la paciencia. La paciencia hace a un niño una bellísima persona espiritual.

Si un niño vive con aliento, siente confianza en sí mismo.

Si un niño vive con elogios, aprende a apreciar a otros.

Si un niño vive con equidad, aprende a ser justo.

Si un niño vive con seguridad, aprende a tener fe. Así es como se desarrolla la fe.

Si un niño vive con aprobación, se gustará a sí mismo.

Si un niño vive con aceptación y amistad, encontrará amor en el mundo.

Los padres y los niños necesitan amor. Desarrolla tu amor para que puedas transmitir todas estas cualidades a tus hijos.

¿Cómo ir más allá de la mente y el ego?

Hay una gran diferencia entre el conocimiento y el saber. El conocimiento es siempre indirecto. Saber siempre es directo. El conocimiento es prestado a través de un medio como los libros. El mensajero del conocimiento podría estar equivocado; podría estar malinterpretando el mensaje o podrían estarse perdiendo partes del mensaje. No es una fuente confiable porque es la percepción indirecta.

El conocimiento se transmite a través de cuatro *idiotas*:

1. Los *sentidos*, que son sólo un mecanismo.

2. El *sistema nervioso*, que es también un mecanismo, que transmite mensajes al cerebro desde la piel, nariz, ojos, gusto y orejas. Estos sentidos no saben nada ni tienen ninguna lógica.

3. El *cerebro* es meramente una estructura del cuerpo y le falta inteligencia.

4. La *mente*, otro idiota que tiene pobre inteligencia porque no es parte del cuerpo.

La mente proporciona información a la conciencia. Pero lo que es entregado a la conciencia por los sentidos no es necesariamente la verdad. Puede ser parte de la verdad; sin embargo, sigue siendo poco confiable. Gurdjieff solía brindar siempre por los idiotas cuando bebía. Estos cuatro idiotas conforman el conocimiento, que en la India se llama *maya* o ilusión. Es absurdo. Crea sufrimiento. El saber, por otra parte, es directo. Cuando los pensamientos cesan, se corta la conexión entre la mente y la conciencia. No existen los sentidos, el cerebro, el sistema nervioso. Existe sólo la conexión directa del saber.

De repente ves y experimentas la luz, ese es el verdadero saber.

¿Qué es la transformación espiritual?

Un maestro Zen vivía en una choza pequeña lejos de la ciudad. Una noche, antes de que la luna apareciera, un ladrón vino a robar, pensando que había algo de valor allí. El maestro lo vio entrar en la choza. Lanzó su manta, que era su única posesión, cerca de la puerta de la choza y se escondió. El ladrón miró, pero no halló nada que robar. Mientras caminaba a la distancia, el maestro le rogó que tomara la manta. El ladrón la tomó y corrió. Era una noche fría y el Maestro tenía frío. Después de algún tiempo apareció la luna en el cielo. Se sentó junto a su ventana y comenzó a escribir un poema hermoso. Escribió:

Qué noche tan fría, qué luna tan hermosa.

Qué lugar tan hermoso y tranquilo.

Pensaba: "Ojalá pudiera darle esta luna tan hermosa al ladrón". Lloró y siguió escribiendo, todo el tiempo pensando en que, si el ladrón regresaba, se las arreglaría para darle algo. Sentía compasión por el pobre ladrón. Más tarde esa noche, el ladrón fue capturado. La policía reconoció la manta perteneciente al maestro. El maestro fue citado a la corte. El rey le pidió que reclamara la manta como suya, pero el maestro dijo: "yo le di la manta a este hombre, no es un ladrón, yo lo conozco". Dijo, "¿Qué es una manta? ¡no vale nada! Sólo libéralo."

Puedes transformar tu ego en compasión y amor, no-violencia y bondad. El ego puede transformarse como una flor de loto, que crece en el lodo. La flor de loto se alimenta de fango, y si no come, no florecerá. Transforma tu ego en una hermosa flor.

Una vez, por error, pusieron veneno en la comida de Buda. Se enfermó por la consternación de su anfitrión. Buda dijo: "No me has dado veneno, fue un error." Más allá del veneno, la compasión de Buda fluyó. Dar algo a un mendigo hace que tu ego crezca porque en ese momento lo consideras inferior. En lugar de dar, comparte con un mendigo, y entonces, se convierte en tu amigo.

Un árbol de banyan creció muy alto, pero era inflexible. Un huracán sopló a través del campo y tiró el árbol de banyan desde sus raíces. La humilde hierba bajo el árbol sobrevivió y estaba a la altura. Esa hierba era humilde, pero el árbol quería tocar el cielo. Su ego fue inflexible.

El ego puede montarse sobre ti. Incluso Shankaracharya, considerado un hombre sabio, experimentó esto y enseñó que Dios está en todas partes y en todo el mundo. Un día, estaba bañándose en el río Ganges y al salir, un "intocable" lo tocó. Shankaracharya pensó que se había vuelto impuro debido a ello, por lo que regresó a río. Esto ocurrió varias veces.

Finalmente, el intocable le dijo, "¿te consideras impuro porque te toqué? Entonces soy más poderoso que el Ganges. ¿El Ganges te purifica y yo te vuelvo impuro? Sólo mi cuerpo tocó tu cuerpo; mi alma no tocó tu cuerpo. Tú enseñas que el alma no tiene forma". Shankaracharya reconoció que hasta ese día se había creído un hombre sabio, pero ese día abrió sus ojos. Desapareció su ego; se transformó en compasión y amor. Nadie te puede ensuciar. El alma siempre es pura. Transforma tu ego en amor, compasión y bondad. Sé como Buda, un maestro Zen. Esto te puede suceder.

¿Qué es Dios? ¿qué es el alma?

Para personas de todas las religiones, Dios es un padre que está sentado en su trono de oro. Él es omnipotente y todopoderoso. Las personas le temen porque él puede castigar y rezan parea complacerlo. ¿Por qué Dios necesita oración y alabanza si es todopoderoso? Él no necesita elogios. Dios ni siquiera tiene género. Estas ideas erróneas han sido inculcadas en la mente de la gente.

Dios no está separado de nosotros. Está dentro de ti; es tú. Mientras que Dios no posee cuerpo, nuestro problema como humanos es que estamos atados por el karma a nuestro cuerpo. Cuando el alma se libera del karma, dolor, sufrimiento y sensación, logra la libertad real, *moksha*. El alma es dichosa.

En realidad, eso somos. Dios no está en un lugar en el reino de los cielos. Al expandir tu alma, estás más cerca y más cerca de Dios, que no tiene límites ni forma. Quienes afirman que conversan con Dios son engañosos o deshonestos: porque ¿cómo se puede conversar con una entidad sin cuerpo? Las conversaciones tienen lugar sólo cuando hay cuerpo. Pero un maestro iluminado puede comulgar con Dios porque cuando sale de su último cuerpo se funde con la luz. Dios es la luz. Dios es un brillo, y no hay ningún propósito para ese brillo, al igual que el Sol brilla sin propósito.

El brillo te rodea, y si puedes atraparlo, puedes beneficiarte de él. Tu alma es ese brillo. No hay ningún lugar donde no haya ese brillo. Ese brillo rodea todas las galaxias; Dios es omnipresente y omnisciente. Sólo la persona que se da cuenta del verdadero Dios puede conocer la verdad. Mediante la expansión de sí mismo a través de la práctica espiritual dedicada, sadhana, puede lograrse esto. Una vez expandido, sabrás qué es la verdad y lo que es el alma.

¿Hay alguna diferencia entre el alma y Dios?

La verdad, amarga, es que no hay ninguna diferencia entre el alma y Dios. Es como una moneda con dos caras. Alma y Dios son lo mismo. Cuando decimos que hay un Dios, al decirlo, nos separamos de Dios. El alma no tiene molde ni forma, es más allá del cuerpo y la mente. Al llegar a este estado de conciencia de la vivacidad total puedes realizar tu alma. Se oculta como la mantequilla en la leche, el fuego en la madera, el frescor en el agua. No se ve con el ojo desnudo. No hay ninguna prueba de ello, únicamente la realización. La persona que se da cuenta de ello, lo sabe. El alma lo sabe todo. El alma gradualmente puede mejorar hasta alcanzar el pico más alto de la conciencia, o lo que se identifica como vivacidad total.

Obtendrás el saber cuando llegues allí.

Muchas personas piensan que se conocen a sí mismos, pero no hay tal persona que tenga ese saber, esa viveza. Cuando una persona experimenta estrés y está trabajando duro, está lejos de su ser, o alma. Cuando las personas están totalmente en sí mismos, están muy cerca del alma. Una persona que está totalmente dormida y relajada puede desconectarse del cuerpo, mente y pensamientos. Si en esos momentos, una persona puede ser consciente, será una cosa maravillosa, porque en ese estado de total relajación o sueño, cuando tienen lugar los sueños, la verdad se manifiesta. Ésos son los únicos sueños que tienen significado, ya que es el único momento en que la persona está con sí misma.

La viveza significa ser muy activo, alegre, y en ese estado de conciencia que trae percatación y conexión con el ser, no con la mente o pensamientos. Cuando estés conectado con tu ser, estás en el estado de súper-conciencia, samadhi. Se puede practicar esto y poco a poco llegarás a tu destino. La gente conecta fácilmente con las cosas, pero tienen dificultades para conectar con su ser. La gente religiosa conecta con rituales y tradiciones y con la adoración de Dios, Jesús, Rama o Krishna y no con ellos mismos. Conectar con otra persona no es igual a conectar con tu propio ser. El culto y los rituales son trampas. Los grandes maestros condenaron esto porque estas prácticas no te contactan con tu ser.

La conexión con otras cosas, como el dinero, es un deseo de la mente. La mente es muy poderosa, y cuando estás conectado a la mente, el alma se pierde. La mente es como un diablo. Damos todo el poder a la mente y no al alma; por lo tanto, el alma se vuelve débil. Dale alimento a tu alma. Esa comida es silencio, amor y vivacidad total, como la sensación de viveza que se experimenta en la naturaleza, con un amigo o familia. Esta total vivacidad y bienaventuranza pueden acercarte a tu alma. Un día probarás y realizarás el alma dentro de ti.

SOBRE EL AUTOR

Acharya Shree Yogeesh es un líder espiritual revolucionario universalmente conocido como un maestro iluminado de esta era. Durante más de cuarenta y cinco años, ha dedicado su vida a ayudar a guiar a cientos de miles de personas en sus viajes espirituales de mejora de sí mismos y auto-realización. Recientemente, se le otorgó públicamente el máximo reconocimiento en Agra, India, por su trabajo espiritual en todo el mundo, un honor que nunca se había dado por los cuatro gruoops jainistas a lo largo de la historia hasta ahora.

Acharya Shree Yogeesh es el fundador de Siddhayatan Tirth y Retiro Espiritual, un sitio único de peregrinación espiritual y parque de meditación de cerca de 63 hectáreas, en América del norte, que proporciona el ambiente perfecto para el aprendizaje espiritual, la comunidad y el despertar del alma, para ayudar a los buscadores de la verdad a avanzar espiritualmente. Acharya Shree es también el fundador de Yogeesh Ashram cerca de Los Ángeles, California, Siddhayatan Europe en Talllinn, Estonia, Yogeesh Ashram International en Nueva Delhi, India y de la Escuela Primaria y Secundaria Acharya Yogeesh para niños en Haryana, India.

Es la misión de Acharya Shree difundir el mensaje de no violencia, vegetarianismo, unidad y transformación total.

AGRADECIMIENTOS

Agradecimiento especial a Eileen Shahbazian por resumir nuestros videos en YouTube. Su tiempo y dedicación ejemplifican su sincero compromiso con el camino espiritual y ashram.

Un agradecimiento de corazón para Anubhuti Máynez y Kamayini Gabriela Díaz por traducir y editar este libro al español. Por sus esfuerzos, ellas ayudarán a que muchos buscadores de la verdad de habla hispana alrededor del mundo, obtengan la orientación correcta para su camino espiritual.

Riddhika, gracias por tu ayuda en el proceso inicial de la edición de uno de los muchos libros. Estás ayudando al mundo en muchos sentidos, que aún no conoces. Permanece fiel a ti mismo y tu camino.

Manjusha, gracias por tu ayuda con la adición de texto al capítulo. Te iluminas a ti mismo, iluminas a otros.

Siddhali Shree, sin ti este libro y todos los videos de YouTube no existirían. Las palabras no pueden expresar el agradecimiento por todo el trabajo que haces con el fin de ayudar a difundir mi mensaje de despertar al mundo. Como tu nombre proclama, realmente brillas en la línea de las almas liberadas.

RECURSOS PARA
EL CRECIMIENTO ESPIRITUAL

Centro de retiro espiritual Siddhayatan
http://siddhayatan.org

Canales de YouTube de Acharya Shree Yogeesh
http://YouTube.com/YogeeshAshram
http://YouTube.com/AcharyaShreeEspanol
http://YouTube.com/InspEspiritual

Página de Facebook de Acharya Shree Yogeesh
http://Facebook.com/AcharyaShreeYogeesh
http://Facebook.com/InspiracionEspiritualDiaria

Contacto
Siddhayatan Tirth
9985 E. Hwy 56
Windom, Texas 75492
info@siddhayatan.org

Otros libros de Acharya Shree Yogeesh
Secrets of Enlightenment, Vol. I
Secrets of Enlightenment, Vol. II
Chakra Awakening: The Lost Techniques
Soul Talks: New Beginnings
Pedidos en línea en http://siddhayatan.org